학문의 시작과 끝을 여닫는

대학·중용

[일러두기]

『대학(大學)』과 『중용(中庸)』은 본래 『예기(禮記)』 안에 함께 실려 있었는데, 이 책은 주희(朱熹)가 여러 학자들의 학설들을 종합하고 절충해 펴낸 『대학장구(大學章句)』와 『중용장구(中庸章句)』의 원문을 우리말로 옮겼습니다. 본문에서 굵은 서체로 된 문장은 『대학』과 『중용』의 원문이고, 일반 서체로 된 문장은 주희가 붙인 주석(註釋)입니다.

일상과 이상을 이어주는 책 ──────

일상이상

학문의 시작과 끝을 여닫는
대학·중용 大學·中庸

ⓒ 2018, 최상용

초판 1쇄 찍은날 · 2018년 7월 30일
초판 1쇄 펴낸날 · 2018년 8월 6일
펴낸이 · 이효순 | 펴낸곳 · 일상과 이상 | 출판등록 · 제300-2009-112호
편집인 · 김종필
주소 · 경기도 고양시 일산서구 일현로 140 112-301
전화 · 070-7787-7931 | 팩스 · 031-911-7931
이메일 · fkafka98@gmail.com
ISBN 978-89-98453-57-2 (04150)

옛글의
향기 5

학문의 시작과 끝을 여닫는

대학·중용

大學·中庸

나를 키우고 세상을 다스리는 길이 보인다

주희 지음 — 최상용 옮김

대학장구
大學章句
중용장구
中庸章句
완역본

일상이상

제2권 중용장구 中庸章句

『대학』과『중용』을 소설처럼 쉽고 재미있게 읽기 위해

동양학을 공부하는 사람들이라면 반드시 읽어야 할 책인『대학(大學)』과『중용(中庸)』은『논어(論語)』,『맹자(孟子)』와 함께 '사서(四書)'로 불릴 정도로 유학의 핵심을 담고 있는 고전입니다.『대학(大學)』과『중용(中庸)』은 본래『예기(禮記)』안에 함께 실려 있는데, 흔히 '주자(朱子)'라고 불리는 주희(朱熹, 1130~1200)가 여러 학자들의 학설들을 종합하고 절충해『대학장구(大學章句)』와『중용장구(中庸章句)』를 지어『논어(論語)』,『맹자(孟子)』와 함께 사서(四書)로 분류하면서 유교의 대표경전이 되었습니다.

주희는 "『대학』은 옛날 태학(太學)에서 사람을 가르치던 법"이라고 규정하면서 '명명덕(明明德), 신민(新民), 지어지선(止於至善)'을 '삼강령(三綱令)'이라 하고, '격물(格物)·치지(致知)·성의(誠意)·정심(正心)·수신(修身)·제가(齊家)·치국(治國)·평천하(平天下)'를 '팔조목(八條目)'이라고 설정했습니다. 주희는『대학』을 경문(經文)과 전문(傳文)으로 나누었는데, 경문 1장은 공자의 말씀을 증자가 기술한 것이라 했고, 전문 10장은 증자의 뜻을 그 문하의 사람들이 기록한 것이라고 했습니다.

　주희는 『대학장구』의 서문인 『대학장구서(大學章句序)』에서 "하남정씨 두 형제분(명도와 이천)이 나오시어 맹자의 전통을 이었습니다. 그리하여 비로소 실제적으로 이 책을 신뢰해 드높이고, 이윽고 또 간단하게 편집해 차례를 지어 그 취지를 밝혔습니다. 이렇게 하고 나서야 그 옛날 태학에서 사람들을 가르치던 방법과 성인의 경전과 현인이 전달하는 요지가 다시금 세상에 밝아지게 되었습니다. 비록 나 주희의 영특하지 못함으로도 다행히 성현들의 가르침을 스스로 공부해 들은 것이 있게 되었습니다. 다만 이 책이 아직도 잃어버린 부분이 많기 때문에 나의 부족함을 잊고 다른 책에서 뽑아 편집했으며, 사이사이에 또한 나의 의견을 붙여 빠진 부분을 보충하고 후세의 군자를 기다리기로 했습니다. 참람(僭濫)하고 주제넘어 그 죄를 피할 수 없음을 잘 알고 있으나 나라의 백성을 교화하고 풍속을 이루려는 뜻과 배우려는 자들의 몸을 닦고 남을 다스리는 방법에 있어서 적으나마 도움이 될 것"이라고 밝히고 있습니다.

　우리나라의 경우 조선에서는 이러한 주희의 학설을 받아들여 『대학』의 삼강령과 팔조목을 학문과 정치의 필수적인 주제로 삼기도 했습니다. 특히 학자들 사이에서는 『대학』을 읽어서 강령을 세우고 통달하게 되면 다른 경서들을 보는 데 조리가 서게 된다고 보았습니다. 율곡 이이(李珥, 1536~1584)는 『격몽요결(擊蒙要訣)』의 독서장에서 "먼저 『소학(小學)』을 읽고 다음으로 『대학』과 『대학혹문(大學或問)』을 읽어 이치를 궁구하고 마음을 바르게 한 다음 자기 몸을 닦고 남을 다스리는 도리에 대해 하나하나 진실되게 알아서 실천해야 할 것"이라고 말하고 있습니다.

다음으로 『중용』에 대해 알아봅시다. 『논어』의 "진실로 그 중심을 잡아라(允執其中)"라는 것과 『서경(書經)』의 "인심은 위태롭고 도심은 미묘하니 오직 정과 일로 진실로 그 중심을 잡아라"를 『중용』의 유래로 볼 수 있는데, 이를 공자의 손자인 자사(子思, 서기전 483~402년)가 "요순(堯舜) 이래로 전해 온 도통의 연원을 밝힌 글"이라고 했습니다.

주희는 『중용』의 서문인 『중용장구서(中庸章句序)』에서 "나는 젊었을 때부터 이 책을 입수해 읽으며 의심을 품고서 가슴 깊이 생각에 잠기거나 반복해서 읽은 게 여러 해였는데, 어느 날 하루아침에 어슴푸레하게나마 핵심 줄거리를 터득한 듯도 했습니다. 그런 후 여러 사람의 해설을 모으고 절충해 '장구(章句)' 한 편을 책정하고 후세의 군자를 기다리고 있었습니다. 그러면서도 한두 명의 동지들과 함께 다시 석돈(石墩)의 글을 취해 번잡하고 혼란한 부분을 다듬어 '집략(輯略)'이라 이름하였습니다. 또 일찍이 논변하여 취사선택한 뜻을 모아 별도로 '혹문(或文)'을 만들어 그 뒤에 부록으로 했습니다"라고 밝혔습니다.

그래서 주희는 "『대학』은 학문의 처음과 끝을 통틀어 말했고, 『중용』은 본원의 지극한 부분을 가리켜 보여주었다"고 했습니다. 특히 주희는 『독중용법(讀中庸法)』에서 "독서의 순서는 먼저 『대학』을 보고서 힘써 『논어』를 본 다음 『맹자』를 읽으면 『중용』의 반절은 마치게 된 셈"이라고 주장하고 있습니다.

『대학』과 『중용』은 학문과 심신수양을 하는 옛사람이나 현대인에게도 훌륭한 지침서가 될 수 있다고 생각해, 지난 10여 년간 필자가 가슴으로 읽고 삭여 우리말로 옮긴 글을 필자의 블로그 '옛글의 향기와 삶(https://choisy1227.blog.me/)'에 올려왔습니다.

『대학장구』와 『중용장구』를 가능한 올바로 전달하기 위해 원문에 충실히 번역하고자 했고, 앞서 출간한 『내 안의 나를 깨우는 장자(莊子)』, 『내 안의 나를 키우는 도덕경(道德經)』과 마찬가지로 각주나 해설 등을 생략했고 한글 번역문만 읽어도 원문에 담긴 본연의 뜻을 이해하는 데 어려움이 없도록 했습니다. 또한 『대학장구』과 『중용장구』를 한 권으로 엮어 손쉽게 찾아 읽을 수 있도록 했습니다.

이 책을 통해 보다 많은 분들이 인생의 활력과 삶의 지침을 세워 윤택하고도 풍요로운 일상이 되었으면 좋겠습니다.

2018년 6월

휴심재(休心齋)에서 죽곡(竹谷) 최상용(崔相鎔)

제 1 권

대학장구
大學章句

대학장구서(大學章句序)

『대학』이라는 책은 그 옛날 태학(太學)에서 사람들을 가르치던 법입니다. 하늘이 사람을 지상에 내릴 때 이미 인의예지(仁義禮智)의 성품을 부여하지 않은 것이 없지만 그 기질을 받은 것이 똑같지는 않습니다. 이 때문에 그 본성이 지닌 것을 모두 알아내어 온전하게 할 수 없는 겁니다. 혹시라도 총명하고 예지(叡智)로와 자기의 본성을 다할 수 있는 자가 그 사이에 나오면, 하늘이 반드시 그에게 명하여 억조(億兆) 만백성의 군주와 스승으로 삼아 그에게 백성을 다스리고 가르치게 하여 백성의 본성을 회복케 하실 겁니다. 이는 복희(伏羲)·신농(神農)·황제(黃帝)·요(堯)·순(舜)이 하늘의 뜻을 이어 표준을 세우고 사도(司徒)의 직책과 전악(典樂)의 벼슬을 설치한 이유입니다.

大學之書(대학지서), 古之大學所以敎人之法也(고지대학소이교인지법야). 蓋自天降生民(개자천강생민), 則旣莫不與之以仁義禮智之性矣(즉기막불여지이인의례지지성의). 然其氣質之稟或不能齊(연기기질지품혹불능제), 是以不能皆有以知其性之所有而全之也(시이불능개유이지기성지소유이전지야). 一有聰明睿智能盡其性者出於其間(일유총명예지능진기성자출어기간), 則天必命之以爲億兆之君師(즉천필명지이위억조지군사), 使之治而敎之(사지치이교지), 以復其性(이부기성). 此伏羲(차복희)·神農(신농)·黃帝(황제)·堯(요)·舜(순), 所以繼天立極(소이계천립극), 而司徒之職(이사도지직)·典樂之官所由設也(전악지관소유설야).

하(夏)·은(殷)·주(周) 3대가 융성했을 때 그 교육법이 점차적으로 갖추어졌으니, 그러한 후에 왕궁과 나라의 주요 도시와 시골 마을에 이르기까지 학교가 있지 않은 곳이 없었습니다. 사람이 태어나 8세가 되면 왕족과 공작으로부터 서민의 자제에 이르기까지 모두가 소학(小學)에 입학하게 했습니다. 그래서 물 뿌려 청소하며 응대하고 나아가며 물러나는 예절과 예악(禮樂), 활쏘기와 말타기, 글과 숫자의 문장을 가르쳤습니다. 15세가 되면 임금의 맏아들은 물론 모든 아이들에게 공(公)·경(卿)·대부(大夫)·원사(元士)의 적자(嫡子)와 일반 백성의 우수한 자에 이르기까지 모두 태학에 입학시켰습니다. 그래서 이치를 궁구하게 하고, 마음을 바르게 하는 법, 몸을 닦고 남을 다스리는 도리를 가르쳤으니, 이는 또 학교의 가르침에 크고 작은 절차가 나누어진 이유입니다.

三代之隆(삼대지륭), 其法寖備(기법침비), 然後王宮(연후왕궁)·國都以及閭巷(국도이급려항), 莫不有學(막불유학). 人生八歲(인생팔세), 則自王公以下(즉자왕공이하), 至於庶人之子弟(지어서인지자제), 皆入小學(개입소학), 而教之以灑掃(이교지이쇄소)·應對(응대)·進退之節(진퇴지절), 禮樂(예악)·射御(사어)·書數之文(서수지문), 及其十有五年(급기십유오년), 則自天子之元子(즉자천자지원자)·衆子(중자), 以至公(이지공)·卿(경)·大夫(대부)·元士之適(원사지적)子(적자), 與凡民之俊秀(여범민지준수), 皆入大學(개입대학), 而教之以窮理(이교지이궁리)·正心(정심)·修己(수기)·治人之道(치인지도). 此又學校之教(차우학교지교)·大小之節所以分也(대소지절소이분야).

학교를 이와 같이 광범위하게 설립했고, 가르치는 방법도 그 차례와 조목이 이와 같이 상세했습니다. 그리고 가르치는 이유는 또 모두 임금이 몸소 행하고 마음으로 얻은 것에 근본하고 있습니다. 일반 백성의 일상생활 윤리 밖에서 추구하는 걸 기다리지 않았습니다. 이 때문에 당시 사람들은 배우지 않은 사람이 없었답니다. 배운 사람들은 그 성분의 고유한 의미를 알고 있지 않은 이가 없었습니다. 그러니 자기 직분에 따라 당연히 할 일을 알아서 각자가 힘써 그 힘을 다했답니다. 이는 옛날에 나라가 융성할 때 정치가 위에서는 융성하고 아래에서는 풍속이 아름다워서, 후세 사람들도 가히 따라할 수 없을 정도였답니다.

夫以學校之設(부이학교지설), 其廣如此(기광여차), 教之之術(교지지술), 其次第節目之詳又如此(기차제절목지상우여차), 而其所以爲教(이기

소이위교), 則又皆本之人君躬行心得之餘(칙우개본지인군궁행심득지여),
不待求之民生日用彝倫之外(불대구지민생일용이륜지외), 是以當世之人
無不學(시이당세지인무불학). 其學焉者(기학언자), 無不有以知其性分之
所固有(무불유이지기성분지소고유), 職分之所當爲(직분지소당위), 而各
俛焉以盡其力(이각면언이진기력). 此古昔盛時所以治隆於上(차고석성
시소이치융어상), 俗美於下(속미어하), 而非後世之所能及也(이비후세지
소능급야)!

주나라가 쇠퇴함에 따라 어질고 성스러운 군주가 나오지 않자
학교의 정사는 정비되지 않았습니다. 그러니 교화(敎化)는 침체되
고 풍속이 무너지니, 이때에는 공자(孔子)와 같은 성인이 계셔도 군
주와 스승의 지위를 얻어 정사와 가르침을 실행할 수 없었습니다.
이에 홀로 선왕(先王)의 법을 취해 외우고 전달해 후세를 일깨웠습
니다. 『곡례(曲禮)』·『소의(少儀)』·『내칙(內則)』·『제자직(弟子職)』과 같은
여러 편은 참으로 『소학(小學)』의 지류와 끝의 일부분이며, 이 책의
『대학(大學)』 경문 1장은 『소학』의 성공으로 인해 『대학』의 밝은 법
을 드러내었으니, 밖으로는 그 규모가 커졌고 안으로는 그 절목이
상세하게 되었습니다. 삼천 명의 제자들이 그 말씀을 듣지 않은 이
가 없었지만 증자(曾子)의 전함이 오직 그 종지를 얻었습니다. 이에
전의(전문 10장)를 지어 그 뜻을 밝혔는데, 맹자(孟子)가 사망함에 따
라 그 전함이 끊기니, 이 책이 비록 남아 있었으나 아는 이가 드물
었습니다.
　及周之衰(급주지쇠), 賢聖之君不作(현성지군불작), 學校之政不修(학

교지정불수), 敎化陵夷(교화릉이), 風俗頹敗(풍속퇴패), 時則有若孔子之聖(시즉유약공자지성), 而不得君師之位以行其政敎(이불득군사지위이행기정교), 於是獨取先王之法(어시독취선왕지법), 誦而傳之而詔後世(송이전지이조후세). 若曲禮(약곡례)·少儀(소의)·內則(내칙)·弟子職諸篇(제자직제편), 固小學之支流餘裔(고소학지지류여예), 而此篇者(이차편자), 則因小學之成功(즉인소학지성공), 以著大學之明法(이저대학지명법), 外有以極其規模之大(외유이극기규모지대), 而內有以盡其節目之詳者也(이내유이진기절목지상자야). 三千之徒(삼천지도), 蓋莫不聞其說(개막불문기설), 而曾氏之傳獨得其宗(이증씨지전독득기종), 於是作爲傳義(어시작위전의), 以發其意(이발기의). 及孟子沒而其傳泯焉(급맹자몰이기전민언), 則其書雖存(즉기서수존), 而知者鮮矣(이지자선의)!

그 이후에는 속세의 유학자들이 기억하고 외우며 문장을 익히는 것을 소학보다 배로 공부했으나 쓸모가 없었습니다. 이단인 도교의 허무주의와 불교의 적멸사상의 가르침이 『대학』보다 높고 더하였으나 실제가 없었습니다. 기타 권모술수로써 모든 공명(功名)을 성취할 수 있다는 학설과 제자백가의 부류로서 세상을 혹하게 하고 백성을 속여 인의(仁義)를 막는 자들이 분분하게 그 사이에 뒤섞여 나왔습니다. 그리하여 군자로 하여금 불행하게도 대도(大道)의 요지를 듣지 못하게 하고, 백성으로 하여금 불행하게도 지극한 다스림의 혜택을 입지 못하게 했습니다. 그리하여 맹목적이고 꽉 막히게 되어 뒤집히고 고질병이 되게 하여 후오대(後五代)의 쇠퇴기에 이르러서는 무너지고 혼란함이 극에 달했습니다.

自是以來(자시이래), 俗儒記誦詞章之習(속유기송사장지습), 其功倍於小學而無用(기공배어소학이무용). 異端虛無寂滅之敎(이단허무적멸지교), 其高過於大學而無實(기고과어대학이무실). 其他權謀術數(기타권모술수), 一切以就功名之說(일체이취공명지설), 與夫百家衆技之流(여부백가중기지류), 所以惑世誣民(소이혹세무민)・充塞仁義者(충새인의자), 又紛然雜出乎其間(우분연잡출호기간). 使其君子不幸而不得聞大道之要(사기군자불행이불득문대도지요), 其小人不幸而不得蒙至治之澤(기소인불행이불득몽지치지택), 晦盲否塞(회맹부새), 反覆沈痼(반복침고), 以及五季五季之衰(이급오계오계지쇠), 而壞亂極矣(이괴란극의)!

천운(天運)이 순환하면 돌아오지 않음이 없기에 송나라의 덕이 융성해 정치와 교육이 밝아졌으니, 이에 하남정씨(河南程氏) 두 형제분(명도와 이천)이 나오시어 맹자의 전통을 이었습니다. 그리하여 비로소 실제적으로 이 책을 신뢰해 드높이고, 이윽고 또 간단하게 편집해 차례를 지어 그 취지를 밝혔습니다. 이렇게 하고 나서야 그 옛날 태학에서 사람들을 가르치던 방법과 성인의 경전과 현인이 전달하는 요지가 찬란하게 다시금 세상에 밝아지게 되었습니다. 비록 나 주희의 영특하지 못함으로도 다행히 성현들의 가르침을 스스로 공부해 들은 것이 있게 되었습니다. 다만 이 책이 아직도 잃어버린 부문이 많기 때문에 나의 부족함을 잊고 다른 책에서 뽑아 편집했으며, 사이사이에 또한 나의 의견을 붙여 빠진 부분을 보충하고 후세의 군자를 기다리기로 했습니다. 참람(僭濫)하고 주제넘어 그 죄를 피할 수 없음을 잘 알고 있으나 나라의 백성을 교화하고 풍속을 이루려는 뜻과 배우는 자들의 몸을 닦고 남을 다스리는 방법에 있어서는 적으나마 도움이 될 것입니다.

天運循環(천운순환), 無往不復(무왕불부). 宋德隆盛(송덕융성), 治教休明(치교휴명). 於是河南程氏兩夫子出(어시하남정씨양부자출), 而有以接乎孟氏之傳(이유이접호맹씨지전). 實始尊信此篇而表章之(실시존신차편이표장지), 旣又爲之次其簡編(기우위지차기간편), 發其歸趣(발기귀취), 然後古者大學教人之法(연후고자대학교인지법)·聖經賢傳之指(성경현전지지), 粲然復明於世(찬연부명어세). 雖以熹之不敏(수이희지불민), 亦幸私淑而與有聞焉(역행사숙이여유문언). 顧其爲書猶頗放失(고기위서유파방실), 是以忘其固陋(시이망기고루), 採而輯之(채이집지), 間亦竊附己意(간역절부기의), 補其闕略(보기궐략), 以俟後之君子(이사후지군자). 極知僭踰(극지참유), 無所逃罪(무소도죄), 然於國家化民成俗之意(연어국가화민성속지의)·學者修己治人之方(학자수기치인지방), 則未必無小補云(즉미필무소보운).

순희 기유(1189년) 2월 갑자일에 신안 주희가 서문을 쓰다.
淳熙己酉(순희기유), 二月甲子(2월갑자), 新安朱熹序(신안주희서).

대학장구(大學章句)

자정자(송나라의 유학자 정호(程顥, 1032~1085)와 정이(程頤, 1033~1107) 형제를 높여 이르는 말)가 "『대학』은 공자님께서 후대를 위해 남기신

책으로 도덕의 입문을 위해 처음 배우는 내용"이라고 말했습니다. 이제 옛사람들의 학문을 위한 순서가 오직 이『대학』이 있음에 따라 그 다음으로『논어』와『맹자』가 있음을 알 수 있습니다. 배우는 사람이 반드시『대학』을 바탕으로 해서 익힌다면 어긋남이 없을 것 같습니다.

子程子曰:「大學, 孔氏之遺書, 而初學入德之門也.」於今可見古人 爲學次第者. 獨賴此篇之存, 而論孟次之. 學者必由是而學焉, 則庶乎 其不差矣.

| 경(經) | 제1장
세 가지 강령 |

1-1 명덕(明德)을 밝힘

큰사람이 되기 위한 배움의 길은 밝은 덕(明德)을 밝히는 데 있으며, 백성들을 화목하게 하는 데 있고, 지극히 순수함(至善)에 다다라 머무는 데 있습니다.

大學之道(대학지도), 在明明德(재명명덕), 在親民(재친민), 在止於至善(재지어지선).

정자(程子)께서는 "친(親)은 마땅히 신(新)으로 써야 합니다"라고 말했습니다.『대학』은 큰사람이 되기 위한 학문입니다. 명(明)은 밝힌다는 의미이죠. 명덕(明德)은 사람이 하늘로부터 받은 것으로 순수하고 신령해 우매하지 않고 온갖 이치를 갖추어서 다양한 일에

호응할 수 있습니다. 다만 타고난 기질의 성품에 구속되고 사람으로서의 욕심에 사로잡히게 되면 때에 따라 어두워지게 됩니다. 그러나 그 본체는 밝아서 아직까지 멈춘 적이 없답니다. 그러므로 배우는 사람은 마땅히 그것의 발현됨으로 인해 명덕의 밝힘을 이루어 그 최초의 순수함을 회복해야 합니다. 신(新)은 그 옛것을 개혁하는 것을 이른 것으로, 자신 스스로 그 명덕을 밝히고 또한 마땅히 다른 사람에게까지 파급시켜 그들로 하여금 과거에 오염된 마음의 찌꺼기를 제거하는 데 있음을 말한 겁니다. 지(止)는 반드시 이러한 경지에 도달해 다시 오염의 상태로 퇴보하지 않아야 된다는 것을 의미합니다. 지선(至善)에 도달하면 사리에 있어서도 당연히 지극하게 됩니다. '명명덕(明明德)'과 '신민(新民)'은 모두 지선의 경지에 이르러 퇴보하지 않음을 말한 겁니다. 반드시 천리의 지극함을 다하여 한 터럭이라도 인욕의 사사로움이 없게 해야 합니다. 이 세 가지는 『대학』의 강령입니다.

程子曰: 「親, 當作新.」 大學者, 大人之學也. 明, 明之也. 明德者, 人之所得乎天, 而虛靈不昧, 以具衆理而應萬事者也. 但爲氣稟所拘, 人欲所蔽, 則有時而昏; 然其本體之明, 則有未嘗息者. 故學者當因其所發而遂明之, 以復其初也. 新者, 革其舊之謂也, 言旣自明其明德, 又當推以及人, 使之亦有以去其舊染之汚也. 止者, 必至於是而不遷之意. 至善, 則事理當然之極也. 言明明德·新民, 皆當止於至善之地而不遷. 蓋必其有以盡夫天理之極, 而無一毫人欲之私也. 此三者, 大學之綱領也.

1-2 머무름을 안 이후에야

머무름을 안 이후에야 정해짐이 있고, 정해진 이후에야 고요함을 간직할 수 있으며, 고요한 이후에야 편안해질 수 있고, 편안해진 이후에야 사려(思慮)할 수 있으며, 사려한 이후에야 도(道)를 얻을 수 있습니다.

知止而後有定(지지이후유정), **定而後能靜**(정이후능정), **靜而後能安**(정이후능안), **安而後能慮**(안이후능려), **慮而後能得**(려이후능득).

지(止)는 마땅히 머물러야 될 경지로 지선(至善)이 있는 곳입니다. 그것을 알면 의지가 정(定)을 향하게 됩니다. 정(靜)은 마음이 망령되게 움직이지 아니함을 말합니다. 안(安)은 거처하는 곳이 편안함을 이르고, 려(慮)는 일을 정미하고 상세하게 처리함을 말합니다. 득(得)은 그 머무를 곳을 얻은 것을 말한 겁니다.

止者, 所當止之地, 卽至善之所在也. 知之, 則志有定向. 靜, 謂心不妄動. 安, 謂所處而安. 慮, 謂處事精詳. 得, 謂得其所止.

1-3 근본과 끝

사물에는 근본과 끝이 있으며, 일에는 끝과 시작이 있는데, 그것의 선후를 알면 도에 가까워집니다.

物有本末(물유본말), **事有終始**(사유종시), **知所先後**(지소선후), **則近道矣**(즉근도의).

'명덕(明德)'은 근본이며 '新民(신민)'은 끝이 됩니다. '지지(知止)'는 시작이며 '능득(能得)'은 끝이 됩니다. '본(本)'과 '시(始)'가 먼저 할 일이며, '말(末)'과 '종(終)'이 뒤에 할 일입니다. 이것으로 위 두 문장의 의미를 마무리한 겁니다.

明德爲本, 新民爲末. 知止爲始, 能得爲終. 本始所先, 末終所後. 此結上文兩節之意.

1-4 격물치지(格物致知)

옛날 천하에 명덕을 밝히려 했던 사람은 먼저 자신의 나라를 잘 다스렸고, 그 나라를 다스리려 했던 사람은 먼저 자신의 가정을 반듯하게 했으며, 그 가정을 반듯하게 하려 했던 사람은 먼저 자신의 몸을 닦았고, 그 몸을 닦으려 했던 사람은 먼저 자신의 마음을 바르게 했으며, 그 마음을 바르게 하려 했던 사람은 먼저 자신의 의지를 진실하게 했고, 그 의지를 진실되게 하려 했던 사람은 먼저 자신의 지혜를 이루었으며, 지혜를 이루는 것은 사물을 정확히 헤아리는 데 있습니다.

古之欲明明德於天下者(고지욕명명덕어천하자), 先治其國(선치기국), 欲治其國者(욕치기국자), 先齊其家(선제기가), 欲齊其家者(욕제기가자), 先修其身(선수기신), 欲修其身者(욕수기신자), 先正其心(선정기심), 欲正其心者(욕정기심자), 先誠其意(선성기의), 欲誠其意者(욕성기의자), 先致其知(선치기지), 致知在格物(치지재격물).

명덕(明德)을 천하에 밝히려 한 사람은 온 천하의 사람들로 하여금 모두가 그들의 명덕을 밝히게 하려 했습니다. 마음(心)은 우리 몸의 주인입니다. 성(誠)은 진실함이죠. 의(意)는 마음이 일으킨 것입니다. 진실로 그 마음이 일으킨 것을 지선(至善)에 한결같게 하여 스스로에게 거짓됨이 없게 하려는 것이죠. 치(致)는 지극함으로 미

루어 가는 것입니다. 지(知)는 인식함과 같습니다. 자신의 지식을
지극하게 미루어 가는 것은 그 아는 것이 다하지 아니함이 없게 하
려 함입니다. 격(格)은 앎을 이루는 것이고, 물(物)은 일과 같습니다.
사물의 이치를 궁구하여 헤아림이 지극한 곳에 이르지 아니함이
없게 하려 함입니다. 이 8가지가 『대학』의 조목입니다.

明明德於天下者, 使天下之人皆有以明其明德也. 心者, 身之所主
也. 誠, 實也. 意者, 心之所發也. 實其心之所發, 欲其一於善而無自
欺也. 致, 推極也. 知, 猶識也. 推極吾之知識, 欲其所知無不盡也. 格,
至也. 物, 猶事也. 窮至事物之理, 欲其極處無不到也. 此八者, 大學之
條目也.

1-5 의지를 진실되게

사물을 헤아린 이후에야 앎을 이룰 수 있고, 앎을 이룬 이후에야
의지를 진실되게 할 수 있으며, 의지를 진실되게 한 이후에야 마음
이 바르게 될 수 있고, 마음이 바르게 된 이후에야 몸을 닦을 수 있
으며, 몸을 닦은 이후에야 가정을 반듯하게 할 수 있고, 가정을 반
듯하게 한 이후에야 나라를 다스릴 수 있으며, 나라를 다스린 이후
에야 천하를 화평하게 할 수 있습니다.

物格而後知至(격물이후지지), 知至而後意誠(지지이후의성), 意誠而後心
正(의성이후심정), 心正而後身修(심정이후신수), 身修而後家齊(신수이후가
제), 家齊而後國治(가제이후국치), 國治而後天下平(국치이후천하평).

격물(格物)이란 사물의 이치가 극미한 것으로 이르지 아니한 곳
이 없습니다. 지지(至知)란 내 마음이 아는 것으로 다하지 아니한

것이 없다는 겁니다. 지혜가 이미 극진해지면 의지가 진실함을 얻을 수 있고, 의지가 이미 진실해지면 마음은 올바름을 얻을 수 있습니다. 수신(修身) 이상의 조목은 명덕(明德)을 밝히는 일입니다. 제가(齊家) 이하의 조목은 백성을 새롭게 하는 일이며, 사물을 헤아려 지혜를 이루면 머무를 곳을 알게 됩니다. 의성(意誠) 이하는 곧 모두 머무를 곳의 순서입니다.

物格者, 物理之極處無不到也. 知至者, 吾心之所知無不盡也. 知旣盡, 則意可得而實矣, 意旣實, 則心可得而正矣. 修身以上, 明明德之事也. 齊家以下, 新民之事也. 物格知至, 則知所止矣. 意誠以下, 則皆得所止之序也.

1–6 수신(修身)을 근본으로

천자로부터 일반 백성에 이르기까지 하나같이 모두가 수신을 근본으로 삼아야 합니다.

自天子以至於庶人(자천자이지어서인), 壹是皆以修身爲本(일시개이수신위본).

일(壹)은 모두를 말합니다. 정심(正心) 이상의 조목은 모두 수신을 하는 이유입니다. 제가(齊家) 이후의 조목은 수신을 통해 하는 일이랍니다.

壹是, 一切也. 正心以上, 皆所以修身也. 齊家以下, 則擧此而措之耳.

1-7 근본이 어지러우면

그 근본이 어지러운데 지엽이 잘 다스려지는 일은 없으며, 그 후덕하게 할 것을 엷게 하고 그 엷게 할 것을 후덕하게 하는 일은 일찍이 없었습니다.

其本亂而末治者否矣(기본난이미치자부의), **其所厚者薄**(기소후자박), **而其所薄者厚**(이기소박자후), **未之有也**(미지유야)!

본(本)은 몸을 말하며, 후(厚)는 가정을 말한 겁니다. 이 두 절(節)은 윗글 두 절의 의미를 맺은 것입니다.

本, 謂身也. 所厚, 謂家也. 此兩節結上文兩節之意.

이상은 경(經) 제1장이며, 공자(孔子)께서 말씀한 것으로 증자(曾子)가 서술한 겁니다. 모두 205자이고. 경의 전문은 10장으로 증자의 뜻을 문인들이 기록한 겁니다. 옛날의 구본은 착간(錯簡, 책장(册張)이나 편(篇), 장(章)의 차례가 잘못됨)이 많아 이제 정자(程子)가 확정한 것을 바탕으로 하고 다시 경문을 고증해 별도로 다음과 같이 차례를 정했습니다. 모두 1,546자입니다. 전문에서는 경전을 여러 곳에서 인용해 논리가 없는 것 같지만, 문장의 이치에 닿아 논리정연하면서도 깊고 얕음이나 시작과 끝이 지극히 정밀합니다. 가슴으로 읽어 상세한 맛을 보면서 오래하면 마땅히 알 수 있습니다. 여기서 모두 풀어내지는 않겠습니다.

右經一章, 蓋孔子之言, 而曾子述之. 凡二百五字. 其傳十章, 則曾子之意而門人記之也. 舊本頗有錯簡, 今因程子所定, 而更考經文, 別爲序次如左. 凡千五百四十六字. 凡傳文, 雜引經傳, 若無統紀, 然文理接續, 血脈貫通, 深淺始終, 至爲精密. 熟讀詳味, 久當見之, 今不盡釋也.

1-1 주나라 책『강고』

『강고』에 이르기를 "덕을 잘 밝힐 수 있습니다"라고 했습니다.

康誥曰(강고왈):「克明德(극명덕).」

『강고』는 주나라의 책이며, 극(克)은 할 수 있다는 의미입니다.

康誥, 周書. 克, 能也.

1-2 상나라 책『태갑』

『태갑』에 이르기를 "이와 같은 하늘의 밝은 명령을 항상 지켜봐야 합니다"라고 했습니다.

대갑왈(태갑왈):「顧諟天之明命(고시천지명명).」

대(大)는 태(泰)로 읽어야 하며, 시(諟)는 시(是)의 옛글자입니다. 『태갑』은 상나라의 책입니다. 고(顧)는 항상 주목하고 있음을 말하며, 시(諟)는 차(此)와 같거나 혹은 살핀다는 의미입니다. 하늘의 밝은 명령은 하늘이 나에게 부여한 것으로 나의 덕이 되는 겁니다. 항상 주목하고 있으면 때에 따라 밝혀지지 않음이 없습니다.

大, 讀作泰. 諟, 古是字. 太甲, 商書. 顧, 謂常目在之也. 諟, 猶此也,或曰審也. 天之明命, 卽天之所以與我, 而我之所以爲德者也. 常目在之, 則無時不明矣.

1-3 우나라 책『제전』
『제전』에 이르기를 "위대한 덕을 밝힐 수 있습니다"라고 했습니다.

帝典曰(제전왈):「克明峻德(극명준덕).」

준(峻)은 『서경』에는 준(俊)으로 적혀 있습니다. 『제전』은 『서경』의 「요전」으로 우나라의 책이고, 준(峻)은 위대하다는 의미입니다.

峻, 書作俊. 帝典, 堯典, 虞書. 峻, 大也.

1-4 모두가 밝혀야
모두 스스로 밝혀야 합니다.

皆自明也(개자명야).

『서경』에서 인용해 모두가 "스스로 자신의 덕을 밝혀야 합니다"라는 의미로 결론짓고 있습니다.

結所引書, 皆言自明己德之意.

이상은 전(傳) 제1장이고, 명덕을 밝혀야 함을 풀어내고 있습니다. 이는 아래 3장을 통틀어 「지어신(止於信)」에 이르기까지, 구본에는 「몰세불망(沒世不忘)」의 아래에 잘못 기록되어 있었습니다.

右傳之首章. 釋明明德. 此通下三章至「止於信.」舊本誤在「沒世不忘」之下.

전(傳) 제2장
백성을 새롭게

2-1 나날이 새롭게

탕왕의 세숫대야에 새겨진 글귀에 "진실로 새롭게 하려거든 나날이 새롭게 하고, 또 날로 새롭게 해야 합니다"라고 했습니다.

湯之盤銘曰(탕지반명왈): 「**苟日新**(구일신), **日日新**(일일신), **又日新**(우일신).」

반(盤)은 몸을 씻는 통을 의미하며, 명(銘)은 그 도구에 스스로를 경계하는 문구를 새긴 것을 말합니다. 구(苟)는 진실을 의미합니다. 탕왕은 사람들이 그 마음을 깨끗이 씻어 나쁜 악을 제거하는 것이 마치 몸을 목욕하며 떼를 벗기는 것과 같다고 여겼습니다. 그래서 그 목욕통에다 이 문구를 새겼는데, 진실로 자신의 옛 묵은 떼의 잘못됨을 벗겨낼 수 있으면 마땅히 새로워지기 때문에 나날이 새로워지고 또 날로 새로워져 끊김이 있을 수 없음을 말한 겁니다.

盤, 沐浴之盤也. 銘, 名其器以自警之辭也. 苟, 誠也. 湯以人之洗濯其心以去惡, 如沐浴其身以去垢. 故銘其盤, 言誠能一日有以滌其舊染之污而自新, 則當因其已新者, 而日日新之, 又日新之, 不可略有間斷也.

2-2 흥겹고 새롭게

『강고』에 이르기를 "백성을 흥겹고 새롭게 해야 합니다"라고 했습니다.

康誥曰(강고왈):「作新民(작신민).」

북을 두드리고 춤추게 하는 것을 작(作)이라 하는데, 저절로 새롭게 하여 백성의 사기를 진작시켜야 됨을 말하고 있습니다.

鼓之舞之之謂作, 言振起其自新之民也.

2-3 새롭게 받음

『시경』에 이르기를 "주나라가 비록 옛 나라이기는 하지만, 그 천명을 유독 새롭게 받았습니다"라고 했습니다.

詩曰(시왈):「周雖舊邦(주수구방), 其命惟新(기명유신).」

『시경』의 「대아·문왕편」입니다. 주나라는 비록 옛 왕국이었지만 문왕 때에 이르러 그 덕을 새롭게 하여 백성에게까지 미치게 했으니, 비로소 주나라를 건국케 하는 천명을 받은 겁니다.

詩大雅文王之篇. 言周國雖舊, 至於文王, 能新其德以及於民, 而始受天命也.

2-4 궁극의 경지

이러한 까닭에 군자는 그 궁극의 경지를 활용하지 아니한 바가 없는 겁니다.

是故君子無所不用其極(시고군자무소불용기극).

스스로를 새롭게 하고 백성을 새롭게 하는 것은 모두 지극한 선에 머무르게 하고자 하는 것(止於至善)입니다.

自新新民, 皆欲止於至善也.

이상은 전(傳) 제2장으로 '신민'을 해석했습니다.

右傳之二章. 釋新民.

전(傳) 제3장
시경(詩經)의 말씀

3-1 수도 인근 천 리

『시경』에 이르기를 "나라의 수도 인근 천 리는 오직 백성이 머무는 곳입니다"라고 했습니다.

詩云(시운):「邦畿千里(방기천리), 惟民所止(유민소지).」

시(詩)는 『시경』 「상송·현조편」입니다. 방기(邦畿)는 왕의 도읍지이며, 지(止)는 머문다는 의미입니다. 만물은 각기 마땅히 머물 곳이 있다는 말이죠.

詩商頌玄鳥之篇. 邦畿, 王者之都也. 止, 居也, 言物各有所當止之處也.

3-2 머물 곳을 앎

『시경』에 이르기를 "꾀꼴! 꾀꼴! 저 꾀꼬리여! 언덕 한 기슭에 머물러 있구나!"라고 했습니다. 공자께서는 "그 머무를 곳을 알고서 머물렀으니, 사람이 새만도 못해서야 되겠습니까!"라고 했습니다.

詩云(시운):「緡蠻黃鳥(민만황조), 止於丘隅(지어구우).」子曰(자왈):「於止(어지), 知其所止(지기소지), 可以人而不如鳥乎(가이인이불여조호)!」

'민(緡)'은 『시경』에는 '면(綿)'으로 기록되어 있습니다. 『시경』 「소아·민만편」이죠. 민만(緡蠻)은 새 울음소리이고, 구우(丘隅)는 풀이 우거진 봉우리 기슭을 뜻합니다. 자왈(子曰) 이하는 공자께서 『시경』의 구절을 평론한 겁니다. 사람도 마땅히 머무를 곳을 알아야 한다는 말이죠.

緡, 詩作綿. 詩小雅綿蠻之篇. 緡蠻, 鳥聲. 丘隅, 岑蔚之處. 子曰以下, 孔子說詩之辭. 言人當知所當止之處也.

3-3 선대의 광명

『시경』에 이르기를 "위대한 문왕이시여! 아! 선대의 광명을 이어 경건히 머무르셨구나!"라고 했습니다. 임금으로서는 인(仁)에 머무르셨고, 신하로서는 경(敬)에 머무르셨으며, 아들로서는 효(孝)에 머무르셨고, 아버지로서는 자(慈)에 머무르셨으며, 백성들과의 교류에 있어서는 신(信)에 머무르셨습니다.

詩云(시운):「穆穆文王(목목문왕), 於緝熙敬止(어집희경지)!」爲人君(위인군), 止於仁(지어인), 爲人臣(위인군), 止於敬(지어경), 爲人子(위인자), 止於孝(지어효), 爲人父(위인부), 止於慈(지어자), 與國人交(여국인교), 止於信(지어신).

시(詩)는 『시경』 「문왕편」이며, 목목(穆穆)은 심원하다는 의미이고, 어(於)는 감탄사입니다. 집(緝)은 계속이라는 의미이며, 희(熙)는 광명을 뜻합니다. 경지(敬止)는 불경함이 없이 편안히 머물렀음을 말합니다. 『시경』의 시 구절을 인용해 성인이 머물 때는 '지어지선(止於至善)'이 아님이 없다는 것을 말했습니다. 이 다섯 가지(인仁·경

敬·효孝·자慈·신信)는 지어지선 가운데 큰 조목(條目)만을 지목한 것이죠. 배우는 자가 이에 대해 정미하게 깊은 뜻을 탐구하고, 또한 그 나머지도 모두 유추하면 천하의 일에 있어서 모두 그 머무를 곳을 알아 의심할 것이 없다는 겁니다.

詩文王之篇. 穆穆, 深遠之意. 於, 歎美辭. 緝, 繼續也. 熙, 光明也. 敬止, 言其無不敬而安所止也. 引此而言聖人之止, 無非至善. 五者乃其目之大者也. 學者於此, 究其精微之蘊, 而又推類以盡其餘, 則於天下之事, 皆有以知其所止而無疑矣.

3-4 의젓한 군주

『시경』에 이르기를 "저 기수의 강기슭을 바라보니, 푸르른 대나무들이 아름답게 우거졌구나. 의젓하신 군자는 마치 깎아낸 듯 다듬은 듯도 하고, 쪼아낸 듯 갈아 만든 듯도 하구나. 엄숙하고도 위엄 있으시며, 빛나고도 의젓하시구나. 의젓하신 군자시여! 끝내 잊을 수 없구나"라고 했습니다. '여절여차(如切如磋)'는 군자의 배움을 말하고, '여탁여마(如琢如磨)'는 스스로의 수행을 말하며, '슬혜한혜(瑟兮僩兮)'는 내심으로 두려워할 만큼 위엄 있음을 뜻하며, '혁혜훤혜(赫兮喧兮)'는 행동에 있어서도 위엄 있음을 말한 겁니다. '유비군자(有斐君子), 종불가훤혜(終不可諠兮)'는 군자의 성대한 덕(德)과 지극한 선(善)을 백성들이 잊을 수 없음을 말한 겁니다.

詩云(시운):「瞻彼淇澳(첨피기오), 菉竹猗猗(녹죽의의). 有斐君子(유비군자), 如切如磋(여절여차), 如琢如磨(여탁여마). 瑟兮僩兮(슬혜한혜), 赫兮喧兮(혁혜원혜). 有斐君子(유비군자), 終不可諠兮(종불가훤혜)!」如

切如磋者(여절여차자), 道學也(도학야), 如琢如磨者(여탁여마자), 自修也(자수야), 瑟兮僩兮者(슬혜한혜자), 恂慄也(순률야), 赫兮喧兮者(혁혜훤혜자), 威儀也(위의야), 有斐君子(유비군자), 終不可諠兮者(종불가훤혜자), 道盛德至善(도성덕지선), 民之不能忘也(민지불능망야).

시(詩)는『시경』「위풍·기욱편」입니다. 기(淇)는 강 이름이며, 오(澳)는 물굽이의 강기슭을 의미합니다. 의의(猗猗)는 아름답고 성대한 모습이며 흥겨움이고, 비(斐)는 의젓한 모습입니다. 절(切)은 칼이나 톱으로 잘라내는 것이며, 탁(琢)은 망치와 끌로 다듬는 것으로 모두 물건을 마름질하여 형체의 질감을 이룹니다. 차(磋)는 줄과 대패로써 하고, 마(磨)는 모래나 돌로써 모두 물건을 다스려 반듯하고 윤기 나게 하는 겁니다. 물건의 뼈대나 각을 잡는 것은 미리 잘라놓은 것을 다시 다듬는 겁니다. 옥석을 다스리는 것은 미리 쪼아놓은 것을 다시 마름질하는 것이죠. 모두 그것을 다스리는 데에는 순서가 있으며 그 절차를 더할수록 더욱 정밀해집니다. 슬(瑟)은 엄밀한 모양이고, 한(僩)은 당당하고 굳센 모습입니다. 혁훤(赫喧)은 아주 빛나고 성대한 모양입니다. 훤(諠)은 잊는다는 의미이며, 도(道)는 말한다는 뜻입니다. 학(學)은 강습하고 토론하는 일을 말하며, 자수(自修)는 자신의 심신을 성찰하고 다스려 가는 공부입니다. 순률(恂慄)은 다른 사람이 두려워함이며, 위(威)는 다른 이에게 주는 경외감이고, 의(儀)는 본받고 싶어 하는 모습입니다.『시경』을 인용해 풀어내고 있는데, '명명덕(明明德)'을 밝히려는 사람의 '지어지선(止於至善)'이 그것입니다. 배움이나 스스로의 수양을 말하는 것은 '명명덕(明明德)'과 '지어지선(止於至善)'을 터득하는 경로를 말하려 하는 겁니다. 순률(恂慄)과 위의(威儀)는 덕(德)의 겉과 속 모양의 성대함을 말한 겁니다. 결국 그 실체를 지목해 찬미한 것이죠.

詩衛風淇澳之篇. 淇, 水名. 澳, 隈也. 猗猗, 美盛貌, 興也. 斐, 文貌. 切以刀鋸, 琢以椎鑿, 皆裁物使成形質也. 磋以鑢錫, 磨以沙石, 皆治物使其滑澤也. 治骨角者, 旣切而復磋之. 治玉石者, 旣琢而復磨之. 皆言其治之有緖, 而益致其精也. 瑟, 嚴密之貌. 僩, 武毅之貌. 赫喧, 宣著盛大之貌. 諠, 忘也. 道, 言也. 學, 謂講習討論之事, 自修者, 省察克治之功. 恂慄, 戰懼也. 威, 可畏. 儀, 可象也. 引詩而釋之, 以明明明德者之止於至善. 道學自修, 言其所以得之之由. 恂慄·威儀, 言其德容表裡之盛. 卒乃指其實而歎美之也.

3—5 잊지 못할 선왕

『시경』에 이르기를 "아, 선왕을 잊지 못하겠네"라고 했습니다. 군자는 선왕의 어짊을 어질게 대했으며, 그 친함을 친하게 대했습니다. 소인은 그 즐거움을 즐기면서 그 이익을 이익으로 하였으니, 이 때문에 두 왕이 고인이 되었어도 잊지 못하는 것입니다.

詩云(시운): 「於戲前王不忘(어희전왕불망)!」 君子賢其賢而親其親(군자현기현이친기친), 小人樂其樂而利其利(소인악기악이리기리), 此以沒世不忘也(차이몰세불망야).

시(詩)는 『시경』 「주송·열문편」이며, 어희(於戲)는 감탄사입니다. 전왕(前王)은 문왕과 무왕을 말하며, 군자는 문왕과 무왕 이후의 현자와 왕을 일컫는 겁니다. 소인은 문왕과 무왕 이후의 백성들입니다. 문왕과 무왕이 '백성을 새롭게 교화한 것'이 '지극한 선에 머물러' 천하의 후세 사람들로 하여금 한 사람이라도 자신의 위치를 얻지 않은 자가 없었기 때문에 두 왕이 고인이 되었어도 사람들은 그들을 생각하고 그리워함이 더욱 커져 잊지 못하는 겁니다. 이 두 구절에서 찬미함이 계속된 것은 그 의미가 깊고 크다는 것이니, 마땅히 숙고해야 합니다.

詩周頌烈文之篇. 於戲, 歎辭. 前王, 謂文·武也. 君子, 謂其後賢後王. 小人, 謂後民也. 此言前王所以新民者止於至善, 能使天下後世無一物不得其所, 所以旣沒世而人思慕之, 愈久而不忘也. 此兩節詠歎淫泆, 其味深長, 當熟玩之.

이상은 전(傳) 제3장이며, '지어지선(止於至善)'을 해설한 겁니다. 이 제3장 안에서 '기오(淇澳)'라는 시를 인용한 데서부터 끝까지는 구본에서는 '성의장(誠意章)' 아래에 잘못 기재되어 있었습니다.

右傳之三章. 釋止於至善. 此章內自引淇澳詩以下, 舊本誤在誠意章下.

전(傳) 제4장
공자의 말씀

4-1 근본을 앎

공자께서 말씀하시기를 "송사를 경청해 처리함은 나도 다른 사람과 같을 것이나, 나는 반드시 송사가 발생치 않도록 할 겁니다"

라고 했습니다. 진실함이 없는 사람은 자신의 변명을 다할 수가 없습니다. 백성들의 의지를 매우 두려워하기 때문인데, 이것을 일러 근본을 안다고 하는 겁니다.

子曰(자왈):「聽訟(청송), 吾猶人也(오유인야), **必也使無訟乎(필야사무송호)!」無情者不得盡其辭(무정자불득진기사). 大畏民志(대외민지), 此謂知本(차위지본).**

유인(猶人)은 다른 사람과 다르지 않다는 것이며, 정(情)은 진실함을 의미합니다. 공자의 말을 인용해, 성인은 진실함이 없는 사람으로 하여금 감히 그 허황되거나 거짓된 변명을 전혀 하지 못하게 한다는 것을 말하고 있습니다. 나(성인)의 명덕(明德)이 이미 밝혀지게 되면, 자연히 백성들의 마음에서는 두려워 복종하는 의지가 생기게 됩니다. 그러므로 소송은 경청할 것도 없이 저절로 없어지게 됩니다. 이 말을 보자면 본말의 선후를 알 수 있습니다.

猶人, 不異於人也. 情, 實也. 引夫子之言, 而言聖人能使無實之人不敢盡其虛誕之辭. 蓋我之明德旣明, 自然有以畏服民之心志, 故訟不待聽而自無也. 觀於此言, 可以知本末之先後矣.

이상은 전(傳) 제4장이며, 본말을 해설한 겁니다. 이 장이 구본에서는 '지어신(止於信)' 다음에 잘못 기록되어 있었습니다.

右傳之四章. 釋本末. 此章舊本誤在「止於信」下.

5-1 근본을 앎

이것을 근본을 안다고 말하는 겁니다.

此謂知本(차위지본),

정자(程子)께서 말씀하시길 "필요 없는 문장이다"라고 했습니다.
程子曰：「衍文也.」

5-2 지혜에 이름

이것을 일러 "지혜에 이른다"고 하는 겁니다.

此謂知之至也(차위지지지야)

이 문장 앞에 별도의 누락된 문장이 있었을 것이며, 이것은 그 문장의 맺음말일 뿐입니다.

此句之上別有闕文, 此特其結語耳.

이상은 전(傳) 제5장이며, 격물과 치지의 의미를 해석했는데, 지금은 그 본문이 유실된 것 같습니다. 이 장은 구본에서는 다음 장에 이르기까지 경문 다음에 잘못 기록되어 있었습니다. 내가 외람되게도 정자의 뜻을 취해 다음과 같이 보충해 보았습니다.

"이른바 지혜에 이르게 되는 것이 사물의 이치를 연구하는 데에 있다고 하는 것은, 자신의 지혜를 이루려 한다면 사물을 대해 그 이치를 궁구하는 데에 있음을 말한 겁니다. 대개 사람의 마음은 신령해 지혜가 있지 않을 수 없으며, 천하의 만물은 이치가 있지 아니한 것이 없는데, 다만 그 이치를 궁구하지 않았기 때문에 그 지혜 가운데 미진한 부분이 있는 겁니다. 이 때문에 대학에서 처음 가르칠 때에는 반드시 배우는 사람으로 하여금 천하의 모든 사물을 대해 자신이 이미 알고 있는 이치에 근거해 더욱 궁구함을 더해 그 궁극에까지 이르게 하는 겁니다. 오랫동안 힘쓰고 나서 하루아침에 활연관통(豁然貫通, 환하게 통하여 도를 깨달음)의 경지에 이르게 되면 모든 사물의 겉과 속, 정밀함과 조박함이 모두 드러나게 되며, 내 마음의 온전한 본체와 커다란 작용이 모두 밝혀지는 경지에 도달하게 되는 겁니다. 이를 일러 '사물의 이치가 규명되었다(物格)'라고 하며, 또한 이를 일러 '지혜에 이르렀다(知之至)'고 하는 겁니다.

右傳之五章, 蓋釋格物·致知之義, 而今亡矣. 此章舊本通下章, 誤在經文之下. 間嘗竊取程子之意以補之曰:「所謂致知在格物者, 言欲致吾之知, 在卽物而窮其理也. 蓋人心之靈莫不有知, 而天下之物莫不有理, 惟於理有未窮, 故其知有不盡也. 是以大學始敎, 必使學者卽凡天下之物, 莫不因其已知之理而益窮之, 以求至乎其極. 至於用力之久, 而一旦豁然貫通焉, 則衆物之表裡精粗無不到, 而吾心之全體大用無不明矣. 此謂物格, 此謂知之至也.」

전(傳)　　　제6장
군자의 신독(愼獨)

6-1 군자가 홀로 있을 때

이른바 "그 뜻을 진실되게 한다는 것(誠意)"은 스스로를 속이지 않는 것입니다. 마치 아주 지독한 냄새를 싫어하듯 하고, 아주 좋은 색상을 좋아하듯 하는 것, 이를 일러 스스로 겸손해하는 것, 즉 자겸(自謙)이라 합니다. 그러므로 군자는 반드시 홀로 있을 때에도 항상 조신해야 합니다.

所謂誠其意者(소위성기의자), 毋自欺也(무자기야), 如惡惡臭(여악오취), 如好好色(여호호색), 此之謂自謙(차지위자겸), 故君子必慎其獨也(고군자필신기독야)!

그 뜻을 진실되게 하는 것(誠意)은 스스로를 닦는 수행의 첫 단계입니다. 무(毋)는 금지의 조사입니다. 스스로를 속이지 말라고 한 것은 선한 일을 함으로써 악이 제거된다는 것을 알지만 마음에서 우러나오는 것이 아직은 진실되지 아니함도 있다는 겁니다. 겸(謙)은 유쾌함이고 자족을 의미하며, 독(獨)이란 남이 알지 못하는 것을 자기 혼자만 아는 마음의 상태입니다. 스스로를 닦고자 하는 사람이 선한 일을 함으로써 그 악이 제거된다는 것을 안다면 마땅히 그 힘을 진실되게 활용해 자기 자신을 속이는 것을 그만두어야 함을 말하고 있습니다. 자신으로 하여금 악(惡)을 싫어하게 하고자 한다면 지독한 냄새를 싫어하듯 하고, 선(善)을 좋아하게 하고자 한다면 좋은 색상을 좋아하듯 하여, 전적으로 힘써 악을 빨리 제거하고 선을 구하면 반드시 얻어서 자기 자신에게 만족하게 되는 것이지, 구차하게 외물을 따라 다른 사람을 위할 수는 없는 겁니다. 그러나 자신의 진실됨과 진실되지 아니함은 다른 사람이 미처 알지 못하고 자신만이 홀로 아는 것이기 때문에 반드시 이를 조신하게 하여 그 기미를 살펴야 하는 겁니다.

誠其意者, 自修之首也. 毋者 , 禁止之辭. 自欺云者, 知爲善以去惡, 而心之所發有未實也. 謙, 快也, 足也. 獨者, 人所不知而己所獨知之地也. 言欲自修者知爲善以去其惡, 則當實用其力, 而禁止其自欺. 使其惡惡則如惡惡臭, 好善則如好好色, 皆務決去, 而求必得之, 以自快足於己, 不可徒苟且以循外而爲人也. 然其實與不實, 蓋有他人所不及知而己獨知之者, 故必謹之於此以審其幾焉.

6-2 소인배와 군자의 차이

소인배는 혼자 있을 때에는 선하지 아니한 일을 서슴없이 하다가 군자를 대한 이후에는 허겁지겁 자신의 선하지 아니한 행위를 감추고서 선한 행위만을 드러내려 합니다. 다른 사람이 자신의 속을 훤히 들여다보는 듯한다면 어떤 이익이 있겠습니까? 이러한 것을 일러 안으로 진실되면 밖으로 드러난다고 하는 겁니다. 그러므로 군자는 반드시 홀로 있을 때에도 조신하는 겁니다.

小人閒居爲不善(소인한거위불선), 無所不至(무소불지), 見君子而後厭然(견군자이후염연), 揜其不善(엄기불선), 而著其善(이저기선). 人之視己(인지시기), 如見其肺肝然(여견기폐간연), 則何益矣(즉하익의). 此謂誠於中(차위성어중), 形於外(형어외), 故君子必慎其獨也(고군자필신기독야).

한거(閒居)란 혼자 있음을 의미하며, 염연(厭然)은 허겁지겁 감추는 모양을 뜻합니다. 이는 소인배는 안으로는 선하지 않는 행동을 하면서 겉으로는 감추려 한다면, 이는 선한 일은 마땅히 해야 하고

악한 일은 마땅히 제거해야 함을 모르는 것도 아니지만, 그 힘을
진실되게 활용하지 않았기에 여기에 이른 것임을 말한 겁니다. 그
러나 자신의 악한 일을 감추려 하지만 결국에는 감출 수가 없으며,
선한 일을 했다고 속이려 들지만 마침내는 속일 수도 없는데, 또한
무슨 이익이 있겠습니까! 이 때문에 군자는 거듭해서 경계하는 것
이며, 반드시 홀로 있을 때에도 조신하는 겁니다.

閒居, 獨處也. 厭然, 消沮閉藏之貌. 此言小人陰爲不善, 而陽欲揜
之, 則是非不知善之當爲與惡之當去也, 但不能實用其力以至此耳.
然欲揜其惡而卒不可揜, 欲詐爲善而卒不可詐, 則亦何益之有哉! 此
君子所以重以爲戒, 而必謹其獨也.

6-3 증자의 말씀

증자(曾子)께서 말씀하시기를 "열 개의 눈이 바라보고, 열 개의
손이 가리키고 있으니, 엄하기도 하구나!"라고 했습니다.

曾子曰(증자왈):「十目所視(십목소시), 十手所指(십수소지), 其嚴乎
(기엄호)!」

증자의 말을 인용해 앞 문장의 의미를 밝히고 있습니다. 비록 조
용하게 혼자 있더라도 그 선과 악을 이와 같이 가릴 수 없음을 말
하고 있습니다. 매우 두려운 일이라는 겁니다.

引此以明上文之意. 言雖幽獨之中, 而其善惡之不可揜如此. 可畏
之甚也.

6-4 부유함과 덕

부유함은 집안을 윤택하게 하고, 덕은 몸을 윤택하게 하니, 마음이 넓어지고 몸이 편안해집니다. 그러므로 군자는 반드시 자신의 뜻을 진실되게 해야 합니다.

富潤屋(부윤옥), **德潤身**(덕윤신), **心廣體胖**(심광체반), **故君子必誠其意**(고군자필성기의).

반(胖)은 편안하고 이완됨을 의미합니다. 부유하면 집안을 윤택하게 할 수 있으며, 덕을 갖추면 몸을 윤택하게 할 수 있음을 말하고 있습니다. 그러므로 마음에 부끄러움이 없으면 마음이 넓어지고 관대해지며 몸은 항상 느긋하고 태평해지니, 덕이 몸을 윤택하게 하는 경우가 그렇다는 겁니다. 대개 선함이 마음속에 가득 차 있으면 밖으로 드러남이 이와 같기 때문에 또한 이렇게 말함으로써 결론짓고 있습니다.

胖, 安舒也. 言富則能潤屋矣, 德則能潤身矣, 故心無愧怍, 則廣大寬平, 而體常舒泰, 德之潤身者然也. 蓋善之實於中而形於外者如此, 故又言此以結之.

이상은 전(傳) 제6장이며, '성의(誠意)'에 대해 풀이했습니다. 맨앞 경문에서 "자신의 뜻을 진실되게 하려는 사람은 먼저 자신을 지혜에 이르게 했습니다"라고 했으며, 또 "지혜에 이른 뒤에는 뜻이 진실해집니다"라고 했습니다. 그런데 마음을 밝히는 데 미진한 구석이 있게 되면 그것이 발동하는 데에 반드시 그 힘을 진실되게 활용할 수 없으니, 구차스럽게 자신을 속이게 되는 겁니다. 그러나 혹시라도 이미 마음이 밝아졌는데도 그것을 조심스럽게 다루지 않게 되면, 그 밝아진 것이 자신의 것이 아니어서 덕으로 나아가는 기초로 삼을 길이 없어져 버립니다. 그러므로 제6장의 가르침은 반드시 제5장의 뜻을 이어받아서 두루 고찰한 뒤에야 그 힘을 활용하는 처음과 끝을 알게 될 것이니, 그 순서를 뒤바꿀 수 없음과 공을 들이지 않을 수 없음이 이와 같은 겁니다.

右傳之六章. 釋誠意. 經曰:「欲誠其意, 先致其知.」又曰:「知至而後意誠.」蓋心體之明有所未盡, 則其所發必有不能實用其力, 而苟焉以自欺者. 然或已明而不謹乎此, 則其所明又非已有, 而無以爲進德之基. 故此章之指, 必承上章而通考之, 然後有以見其用力之始終, 其序不可亂而功不可闕如此云.

전(傳)　　　　제7장
수신(修身)의 도

7-1 화내고 성냄이 있다면

이른바 몸을 닦는 것(수신修身)이 그 사람의 마음을 바르게 하는 데 있다는 것은, 그 몸(마음)에 화내고 성냄이 있다면 그 바름을 얻을 수 없으며, 공포나 두려움이 있어도 그 바름을 얻을 수 없고, 좋아함이나 즐거움이 있어도 그 바름을 얻을 수 없으며, 근심이나 걱정이 있어도 그 바름을 얻을 수 없습니다.

所謂修身在正其心者(소위수신재정기심자), 身有所忿懥(신유소분치), 則不得其正(즉불득기정), 有所恐懼(유소공구), 則不得其正(즉불득기정),

有所好樂(유소호악), **則不得其正**(즉불득기정), **有所憂患**(유소우환), **則不得其正**(즉불득기정).

정자께서 말씀하기를 "신유(身有)에서 신(身)은 마땅히 심(心)으로 해야 합니다"라고 했습니다. 분치(忿懥)는 화내다는 의미입니다. 이 네 가지는 모두 마음의 작용이니, 사람에게 주어지지 않을 수 없는 겁니다. 그러나 하나라도 이것을 가지고 있으면서 살피지 않는다면 5욕7정이 발동하고 기승을 부려 그 작용들이 행해져 혹시라도 그 바름을 잃지 않을 수 없게 됩니다.

程子曰:「身有之身當作心.」忿懥, 怒也. 蓋是四者, 皆心之用, 而人所不能無者. 然一有之而不能察, 則欲動情勝, 而其用之所行, 或不能不失其正矣.

7-2 보고 듣고 맛봄

마음이 있지 않고서는 보아도 보이지 않으며, 들어도 듣지를 못하고, 먹어도 그 맛을 알지 못합니다.

心不在焉(심불재언), **視而不見**(시이불견), **聽而不聞**(청이불문), **食而不知其味**(식이불지기미).

마음이 몸에 있지 않고서는 그 몸을 단속할 수가 없습니다. 이 때문에 군자는 반드시 이를 살펴 신중히 행하고 나서야 이 마음이 항상 존재하게 되니, 몸이 닦여지지 아니함이 없는 겁니다. 그래서 몸 닦음(修身)이란 그 마음을 바르게 하는 데 있다고 한 겁니다.

心有不存, 則無以檢其身, 是以君子必察乎此而敬以直之, 然後此心常存而身無不修也. 此謂修身在正其心.

이상은 전(傳) 제7장이며, '정심(正心)'과 '수신(修身)'을 해석했습니다. 이 장 또한 제6장을 이어 다음 장을 이끌고 있습니다. 뜻이 진실되면 참으로 악(惡)은 없어지고 선(善)만 있게 되기 때문에 이 마음을 존재케 하여 그 몸을 단속하려는 겁니다. 그러나 혹시라도 '성의(誠意)'만을 알고 이 마음의 존재 여부를 세밀하게 살피지 못하면, 내면을 바르게 하여 몸 닦을(修身) 방도가 없게 됩니다. 이 장부터는 구본을 기준으로 했습니다.

右傳之七章. 釋正心修身. 此亦承上章以起下章. 蓋意誠則眞無惡而實有善矣, 所以能存是心以檢其身. 然或但知誠意, 而不能密察此心之存否, 則又無以直內而修身也. 自此以下, 並以舊文爲正.

전(傳)　　제8장
천하에 드문 일

8-1 집안의 다스림

이른바 자신의 집안을 다스림이 자신의 몸을 수양하는 데 있다고 하는 것은, 사람은 자신과 친하고 사랑하는 이에게는 애정에 치우치고, 자신이 천시하고 싫어하는 이에게는 혐오감에 치우치며, 자신이 두려워하고 존경하는 이에게는 존경심에 치우치고, 자신이 애달파하고 불쌍히 여기는 이에게는 동정심에 치우치며, 자신이 오만해하고 무례하게 여기는 이에게는 기피감에 치우칩니다. 그러므로 좋아하면서도 그 나쁜 점을 알며, 싫어하면서도 그 좋은 점을 아는 이가 천하에 드문 겁니다.

　所謂齊其家在修其身者(소위제기가재수기신자), 人之其所親愛而辟
焉(인지기소친애이벽언), 之其所賤惡而辟焉(지기소천오이벽언), 之其所
畏敬而辟焉(지기소외경이벽언), 之其所哀矜而辟焉(지기소애긍이벽언),
之其所敖惰而辟焉(지기소오타이벽언). 故好而知其惡(고호이지기오), 惡
而知其美者(오이지기미자), 天下鮮矣(천하선의)!

　인(人)은 많은 사람을 말하며, 지(之)는 어(於)와 같고, 벽(辟)은 치
우침(偏)과 같습니다. 이 다섯 가지 정서는 사람에게 당연히 있는
겁니다. 그러나 보통사람의 정서는 오직 자신의 욕구대로 향할 뿐
보다 더 살피지 아니하니, 반드시 한쪽에 빠져들어 자신을 수양하
지 못하게 됩니다.

　人, 謂衆人. 之, 猶於也. 辟, 猶偏也. 五者, 在人本有當然之則; 然常
人之情惟其所向而不加察焉, 則必陷於一偏而身不修矣.

8-2 사람들이 모르는 것

　그러므로 속담에서 말하기를 "사람들은 제 자식의 나쁜 점을 모
르고, 제 논의 모가 큰 줄을 모릅니다"라고 한 겁니다.

　故諺有之曰(고언유지왈):「人莫知其子之惡(인막지기자지악), 莫知其
苗之碩(막지기묘지석).」

　언(諺)은 속담을 의미합니다. 사랑에 빠지게 되면 사리에 밝지 못
하며, 얻기에만 급급하면 남이 싫어하는 줄도 모르게 되니, 이것이
바로 치우침에서 오는 해악이며 가정을 올바르게 다스리지 못하게
되는 원인입니다. 이것을 일러 제 몸을 수양하지 못하고서는 자신

의 가정도 다스릴 수 없다고 한 것입니다.

諺, 俗語也. 溺愛者不明, 貪得者無厭, 是則偏之爲害, 而家之所以
不齊也. 此謂身不修不可以齊其家.

이상은 전(傳) 제8장으로, '수신(修身)'과 '제가(齊家)'에 대해 해석
했습니다.

右傳之八章. 釋修身齊家.

전(傳)　　제9장
나라를 다스림

9-1 효(孝)와 제(弟)와 자(慈)

이른바 "나라를 다스리려면 반드시 먼저 자신의 집안을 잘 다스
려야 합니다"라고 말한 것은 자기의 집안도 가르치지 못하면서 남
을 가르칠 수는 없기 때문입니다. 그러므로 군자는 집안을 다스리
는 법도에서 벗어나지 않으면서 나라에 가르침을 펼칩니다. 효(孝)
는 임금을 섬기는 방법이 되고, 제(弟)는 어른을 섬기는 방법이 되
며, 자(慈)는 백성을 다스리는 방법이 됩니다.

所謂治國必先齊其家者(소위치국필선제기가자), 其家不可敎而能敎
人者(기가불가교이능교인자), 無之(무지). 故君子不出家而成敎於國(고
군자불출가이성교어국), 孝者(효자), 所以事君也(소이사군야). 弟者(제자),
所以事長也(소이사장야). 慈者(자자), 所以使衆也(소이사중야).

자신을 수양하게 되면 집안에 가르침을 펼 수 있습니다. 효(孝)·

제(弟)·자(慈)는 '수신(修身)'의 방법으로써, 집안에서 가르침을 펴는 도(道)인 것입니다. 그러므로 나라의 경우에도 임금을 섬기고, 어른을 섬기며, 백성을 다스리는 도(道)도 이것(효·제·자)을 벗어나지 않습니다. 이것이 위에서 '가제(家齊)'하게 되면, 아래에서 가르침이 이루어지는 까닭입니다.

身修, 則家可教矣. 孝·弟·慈, 所以修身而教於家者也. 然而國之所以事君事長使衆之道不外乎此. 此所以家齊於上, 而教成於下也.

9-2 갓난아이 돌보듯

『강고(康誥)』에서 "갓난아이 돌보듯 하라"고 한 것은, 마음을 진실되게 하여 구하게 되면 비록 꼭 들어맞지는 않아도 멀리 벗어나지는 않는 법이라는 뜻입니다. 자식 기르는 법을 배운 뒤에 시집가는 경우는 아직껏 없었습니다.

康誥曰(강고왈):「如保赤子(여보적자).」心誠求之(심성구지), 雖不中不遠矣(수불중불원의). 未有學養子而後嫁者也(미유학양자이후가자야)!

여기서는 『서경』을 인용해 해석한 것으로, 또다시 가르침의 근본을 세워 거짓되거나 억지로 가르치는 것이 아니라, 자기 마음의 선(善)한 단서를 알아차려서 그것을 미루어 넓혀가는 것일 뿐임을 밝힌 것입니다.

此引書而釋之, 又明立教之本不假強爲, 在識其端而推廣之耳.

9-3 말 한마디의 중요함

한 집안이 어질면 온 나라에 어진 기풍이 일어나고, 한 집안이

겸양하면 온 나라에 겸양하는 기풍이 일어나며, 한 사람이 탐욕스럽고 흉포하면 온 나라가 혼란스럽게 되니, 한 집안이나 한 사람의 영향이 이와 같은 겁니다. 그래서 "말 한마디가 일을 그르치기도 하고, 한 사람이 나라를 안정시키기도 합니다"라고 말한 겁니다.

一家仁(일가인), 一國興仁(일국흥인), 一家讓(일가양), 一國興讓(일국흥양), 一人貪戾(일인탐려), 一國作亂(일국작란), 其機如此(기기여차). 此謂一言僨事(차위일언분사), 一人定國(일인정국).

일인(一人)은 군주를 말하며, 기(機)는 발동하는 요인을 뜻하고, 분(僨)은 그르친다는 의미입니다. 이는 가르침(교육)이 나라에서 이루어지는 효과를 말한 겁니다.

一人, 謂君也. 機, 發動所由也. 僨, 覆敗也. 此言教成於國之效.

9-4 요순(堯舜)과 걸주(桀紂)

요임금과 순임금이 천하를 어짊으로써 이끌자 백성들은 이를 따랐으며, 걸왕과 주왕이 천하를 포악함으로써 거느리자 백성들도 이를 따라했습니다. 아무리 임금이 법령을 시행해도 그들 자신이 선호하는 것과 반대되면 백성들은 진정으로 따르지 않습니다. 그러므로 군자는 자신에게 선(善)을 갖추고 나서야 다른 사람에게 선(善)할 것을 요구하며, 자신에게서 악(惡)을 없애고 나서야 다른 사람을 비방하는 것입니다. 자신에게 남을 용서할 수 있는 마음을 간직하지도 않고서 다른 사람을 교화할 수 있는 자는 아직껏 없었습니다.

堯舜帥天下以仁(요순수천하이인), 而民從之(이민종지), 桀紂帥天下以暴(걸주수천하이폭), 而民從之(이민종지), 其所令反其所好(기소령반기소호), **而民不從**(이민불종). **是故君子有諸己而後求諸人**(시고군자유제기이후구제인), **無諸己而後非諸人**(무제기이후비제인). **所藏乎身不恕**(소장호신불서), **而能喻諸人者**(이능유제인자), **未之有也**(미지유야).

이는 또한 앞의 "한 사람이 나라를 안정시키기도 합니다"라는 문장을 이어 말한 것입니다. 자신에게 선(善)을 갖춘 이후에야 남에게 선(善)할 것을 요구할 수 있으며, 자신에게서 악(惡)을 없앤 이후에야 다른 사람의 악(惡)도 바로잡을 수 있는 겁니다. 이처럼 모두 자신을 미루어보고서야 남에게 미치게 하는 것을 이른바 '서(恕)'라고 합니다. 만약 이와 같지 않다면 법령이 시행되어도 그들이 좋아하는 것과 반대되면 백성들은 진정으로 따르지 않을 겁니다. 유(喻)는 밝게 깨우쳐준다는 의미랍니다.

此又承上文一人定國而言. 有善於己, 然後可以責人之善; 無惡於己, 然後可以正人之惡. 皆推己以及人, 所謂恕也. 不如是, 則所令反其所好, 而民不從矣. 喻, 曉也.

9-5 국치(國治)와 가치(家治)

그러므로 나라를 다스리는 법은 자신의 집안을 다스리는 데에 있다고 한 겁니다.

故治國在齊其家(고치국재제기가).

앞의 문장을 통틀어 결론짓고 있습니다.

通結上文.

9-6 집안의 화목

『시경』에 이르기를 "싱그러운 복숭아나무, 그 잎이 무성하구나. 이 아가씨 시집가서, 그 집안사람들과 화목하겠구나"라고 했습니다. 그 집안사람들과 화목한 이후에야 나라사람들을 교화할 수 있습니다.

詩云(시운): 「桃之夭夭(도지요요), 其葉蓁蓁(기엽진진), 之子于歸(지자우귀), 宜其家人(의기가인).」 宜其家人(의기가인), 而後可以敎國人(이후가이교국인).

『시경』「주남·도요편」입니다. 요요(夭夭)는 어리고 싱싱한 모양을, 진진(蓁蓁)은 아름답고 풍성한 모양을 의미합니다. 지자(之子)는 시자(是子)와 같은 말인데, 시집가는 여자를 가리켜 말한 것입니다. 부인(婦人)이 시집가는 것을 시집갈 귀(歸)로 표현하기도 합니다. 의(宜)는 선(善)과 같은 의미입니다.

詩周南桃夭之篇. 夭夭, 少好貌. 蓁蓁, 美盛貌. 興也. 之子, 猶言是子, 此指女子之嫁者而言也. 婦人謂嫁曰歸. 宜, 猶善也.

9-7 형제간의 화목

『시경』에 이르기를 "형과 아우가 화목하구나"라고 했습니다. 형제간에 화목하고 나서야 나라사람들을 교화할 수 있습니다.

詩云(시운): 「宜兄宜弟(의형의제).」 宜兄宜弟(의형의제), 而後可以敎國人(이후가이교국인).

『시경』「소아·요소편」입니다.

詩小雅蓼蕭篇.

9-8 아비와 자식, 형과 아우

『시경』에 이르기를 "그 거동이 어긋나지 않기에 사방의 이웃나라들을 바르게 할 수 있습니다"라고 했습니다. 그 아비됨과 자식됨과 형됨과 아우됨이 충분히 본받을 만하게 된 이후에야 백성들이 그것을 본받는 겁니다.

詩云(시운):「其儀不忒(기의불특), 正是四國(정시사국).」其爲父子兄弟足法(기위부자형제족법), 而後民法之也(이후민법지야).

『시경』「조풍·명구편」입니다. 특(忒)은 어긋나다는 의미이며, 나라를 다스리는 법이 그 집안을 다스리는 데에 있음을 말한 것입니다. 여기에 인용한 시는 모두 앞 문장의 일을 찬미했고, 또한 이처럼 결론지은 것입니다. 그 의미가 깊고 깊으니 최선을 다해 음미해야 할 것입니다.

詩曹風鳴鳩篇. 忒, 差也. 此謂治國在齊其家. 此三引詩, 皆以詠歎上文之事, 而又結之如此. 其味深長, 最宜潛玩.

이상은 전(傳) 제9장이며, '제가(齊家)'와 '치국(治國)'에 대해 해석했습니다.

右傳之九章. 釋齊家治國.

전(傳)   제10장
혈구지도(絜矩之道)

10-1 백성의 마음을 헤아리는 도

이른바 "천하를 태평하게 하는 것이 그 나라를 다스리는 데에 있습니다"고 한 것은, 임금이 노인을 노인답게 예우하면 백성들은 효도의 기풍을 일으키고, 임금이 연장자를 연장자답게 대우하면 백성들은 공경하는 기풍을 일으키며, 임금이 외로운 사람들을 따스한 마음으로 감싸 안으면 백성들은 임금을 배반하지 않는다는 겁니다. 이 때문에 군자는 모든 백성의 마음을 헤아리는 도(道), 즉 혈구지도(絜矩之道)를 간직하고 있어야 합니다.

所謂平天下在治其國者(소위평천하재치기국자), **上老老而民興孝**(상노노이민흥효), **上長長而民興弟**(상장장이민흥제), **上恤孤而民不倍**(상휼고이민불배), **是以君子有絜矩之道也**(시이군자유혈구지도야).

노노(老老)란, 나의 어버이를 어버이로서 예우함을 말합니다. 흥(興)이란, 감동이 생겨나 흥기하는 것을 말하며, 고(孤)는 어려서부터 부모 없는 사람을 일컫는 말입니다. 혈(絜)은 헤아린다는 뜻이며, 구(矩)는 직각을 재거나 그리는 자입니다. 이 세 가지를 위에서 행하면 아래에서는 그 본받음이 메아리보다도 빠르다는 것으로, 이른바 집안을 가지런하게 하는 것이 곧 나라를 다스리는 법이 됨을 말한 것입니다. 또한 사람들의 마음은 모두 같음을 볼 수 있으며, 평범한 한 사람이라도 이러한 인심을 잃게 해서는 안 됩니다. 이 때문에 군자는 반드시 자신과 같은 마음으로 미루어 만물을 헤아리고, 만물과 나 사이에 각각 적당한 분수를 얻게 되면 위아래 사방이 모두 균등하고 바르게 되어, 천하가 태평하게 되는 겁니다.

老老, 所謂老吾老也. 興, 謂有所感發而興起也. 孤者, 幼而無父之稱. 絜, 度也. 矩, 所以爲方也. 言此三者, 上行下效, 捷於影響, 所謂家齊而國治也. 亦可以見人心之所同, 而不可使有一夫之不獲矣. 是以君子必當因其所同, 推以度物, 使彼我之間各得分願, 則上下四旁均齊方正, 而天下平矣.

10-2 위아래 사람의 도

윗사람이 싫어하는 것을 아랫사람에게 시키지 말고, 아랫사람이 싫어하는 것으로 윗사람을 섬기지 말며, 앞사람이 싫어하는 것을 뒷사람에게 먼저 하게 하지 말고, 뒷사람이 싫어하는 것을 앞사람에게 따라하게 하지 말며, 오른쪽 사람이 싫어하는 것을 왼쪽 사람에게 교류하게 하지 말고, 왼쪽 사람이 싫어하는 것을 오른쪽 사람에게 교류하게 하지 않게 하는 것, 이러한 것을 일러 혈구지도(絜矩之道)라고 합니다.

所惡於上(소오어상), 毋以使下(무이사하), 所惡於下(소오어하), 毋以事上(무이사상), 所惡於前(소오어전), 毋以先後(무이선후), 所惡於後(소오어후), 毋以從前(무이종전), 所惡於右(소오어우), 毋以交於左(무이교어좌), 所惡於左(소오어좌), 毋以交於右(무이교어우), 此之謂絜矩之道(차지위혈구지도).

이 구절에서는 앞 문장의 혈구(絜矩)라는 두 글자의 의미를 반복해 풀이하고 있습니다. 윗사람의 무례함이 나에게 베풀어지기를 원하지 않는다면 반드시 이러한 마음으로써 아랫사람의 마음을 헤아리고, 또한 무례함으로 아랫사람을 부리지 말아야 합니다. 아랫사람이 나에게 불충하기를 바라지 않는다면 반드시 이러한 마음으로 윗사람의 마음을 헤아리고, 또한 감히 이러한 불충으로써 윗사람을 섬기지 말아야 합니다. 전후좌후에 이르기까지 모두 그렇게 하면 자신이 처한 곳의 위아래나 사방이 길고 짧거나 넓고 좁아도 이것저것이 한결같아 바르게 됩니다. 타인도 나와 마찬가지로 이러한 마음을 지니고서 흥기한다면 또한 어찌 범부 한사람이라도 잃어버리겠습니까? 마음에 붙들고 행하는 것은 간단하지만, 그 파급효과는 광대하니 이것이 천하가 태평해지는 중요한 도(道)인 겁니다. 그러므로 이 장의 의미는 모두 이것(혈구지도)으로부터 유추해낸 겁니다.

此覆解上文絜矩二字之義. 如不欲上之無禮於我, 則必以此度下之心, 而亦不敢以此無禮使之. 不欲下之不忠於我, 則必以此度上之心, 而亦不敢以此不忠事之. 至於前後左右, 無不皆然, 則身之所處, 上下·四旁·長短·廣狹, 彼此如一, 而無不方矣. 彼同有是心而興起焉者, 又豈有一夫之不獲哉. 所操者約, 而所及者廣, 此平天下之要道也. 故章內之意, 皆自此而推之.

10–3 백성의 부모

『시경』에 이르기를 "즐거운 군자여! 백성의 부모로구나"라고 했습니다. 백성이 좋아하는 것을 좋아하며, 백성들이 싫어하는 것을 싫어하므로 이를 일컬어 백성의 부모라 하는 것입니다.

詩云(시운): 「樂只君子(낙지군자), 民之父母(민지부모).」 民之所好好之(민지소호호지), 民之所惡惡之(민지소오오지), **此之謂民之父母**(차지위민지부모).

『시경』「소아·남산유대편」이며, 지(只)는 어조사입니다. '혈구(絜

矩)'를 잘하는 것은, 백성의 마음으로써 자신의 마음을 삼는다면 이는 백성을 자식과 같이 사랑하고 백성들은 그를 부모처럼 사랑한다는 겁니다.

詩小雅南山有台之篇. 只, 語助辭. 言能絜矩而以民心爲己心, 則是愛民如子, 而民愛之如父母矣.

10-4 군주의 도

『시경』에 이르기를 "깎아지른 듯한 남산이여! 우뚝 솟아오른 기암괴석들이 줄지어 섰구나. 드높이 빛나는 태사 윤 씨여! 백성들이 모두 그대를 우러러보는구나"라고 했습니다. 나라를 소유한 사람은 조신하지 않을 수 없는데, 한쪽으로 치우치게 되면 온 세상의 조롱거리가 된다는 겁니다.

詩云(시운):「節彼南山(절피남산), 維石巖巖(유석암암), 赫赫師尹(혁혁사윤), 民具爾瞻(민구이첨).」有國者不可以不愼(유국자불가이불신), 辟則爲天下僇矣(벽즉위천하륙의).

『시경』「소아·남산편」이며, 절(節)은 깎아지른 듯이 높고 큰 모양을 뜻합니다. 사윤(師尹)은 주나라 태사 윤 씨를 말한 겁니다. 구(具)는 모두 함께라는 의미이며, 벽(辟)은 치우친다는 뜻입니다. 윗자리에 있는 자는 사람들이 우러러보는 대상이기 때문에 조신하지 않을 수 없음을 말한 것입니다. 만약 혈구의 도(絜矩之道)를 행할 수 없어 좋아하고 싫어함에 있어, 자신만의 감정에 따라 치우치게 되면 자신은 죽임을 당하고 나라는 망쳐 온 세상 사람들의 커다란 조롱거리가 됨을 말한 것입니다.

詩小雅節南山之篇. 節, 截然高大貌. 師尹, 周太師尹氏也. 具, 俱也. 辟, 偏也. 言在上者人所瞻仰, 不可不謹. 若不能絜矩而好惡殉於一己之偏, 則身弒國亡, 爲天下之大戮矣.

10-5 백성의 신망

『시경』에 이르기를 "은나라가 아직 백성들을 저버리지 않을 때는 상제(上帝)와 뜻을 같이했습니다. 그러하니 마땅히 은나라에서 반면교사로 살펴봐야 할 것은 큰 명운은 지켜내기가 쉽지 않다는 것입니다"라고 했습니다. 백성의 신망을 얻으면 나라를 얻게 되고, 백성의 신망을 잃으면 나라도 잃게 됨을 말한 것입니다.

詩云(시운): 「殷之未喪師(은지미상사), 克配上帝(극배상제), 儀監于殷(의감간은), 峻命不易(준명불역).」道得衆則得國(도득중즉득국), 失衆則失國(실중즉실국).

『시경』「문왕편」입니다. 사(師)는 무리, 즉 백성이란 뜻이며, 배(配)는 대대(待對)와 같으며 짝과 같이 합치한다는 의미입니다. '배상제(配上帝)'란 천하의 군주가 되어 상제와 합치함을 말한 겁니다. 감(監)은 본다는 뜻이고, 준(峻)은 크다는 의미이며, 불이(不易)는 지켜내기가 어렵다는 것을 말한 것이고, 도(道)는 말한다는 뜻입니다. 시를 인용하고 이것(道得衆則得國, 失衆則失國)을 말해, 앞글 두 절의 의미를 결론짓고 있습니다. 천하를 소유한 자가 이러한 마음자세를 보존하고 잃지 않으면 혈구의 도를 행하고자 백성과 뜻을 함께 하려는 바람을 절로 그칠 수가 없는 것입니다.

詩文王篇. 師, 衆也. 配, 對也. 配上帝, 言其爲天下君, 而對乎上帝

也. 監, 視也. 峻, 大也. 不易, 言難保也. 道, 言也. 引詩而言此, 以結
上文兩節之意. 有天下者, 能存此心而不失, 則所以絜矩而與民同欲
者, 自不能已矣.

10-6 군자의 덕

이 때문에 군자는 먼저 덕을 갖추고 조신해야 합니다. 덕을 갖추
게 되면 백성이 모이며, 백성이 모이게 되면 영토가 생기고, 영토
가 생기게 되면 재물이 모이며, 재물이 모이게 되면 쓰이게 되는
것입니다.

是故君子先愼乎德(시고군자선신호덕), **有德此有人**(유덕차유인), **有人**
此有土(유인차유토), **有土此有財**(유토차유재), **有財此有用**(유재차유용).

'선신호덕(先愼乎德)'은 앞 문장의 "조신하지 않을 수 없음"을 이
어 말한 겁니다. 덕(德)은 곧 명덕(明德, 본래부터 밝은 덕)을 말합니다.
유인(有人)은 백성을 얻음을 말하고, 유토(有土)는 나라를 얻게 됨을
말한 겁니다. 나라가 있게 되면 재물의 쓰일 곳이 없음을 걱정할
필요가 없게 됩니다.

先愼乎德, 承上文不可不愼而言. 德, 卽所謂明德. 有人, 謂得衆. 有
土, 謂得國. 有國則不患無財用矣.

10-7 덕과 재물

덕은 근본이고 재물은 말단이며,

德者本也(덕자본야), **財者末也**(재자말야),

앞글에 바탕해 말한 겁니다.

本上文而言.

10-8 근본과 말단
근본을 밖으로 하고 말단을 안으로 하면, 백성들을 다투게 하고 서로 **빼앗는** 기풍을 조장하는 것입니다.

外本內末(외본내말), **爭民施奪**(쟁민시탈).

임금이 덕을 도외시하고 재물만을 중시하면 그 백성들에게 서로 다투고 겁탈하는 가르침을 펴는 꼴이 됩니다. 재물이란 모든 사람들이 욕심내는 것이지만, 혈구의 도를 행하지 않고 오로지 재물에만 욕심낸다면 백성들 또한 들고 일어나 서로 다투고 빼앗는 데 혈안이 될 것입니다.

人君以德爲外, 以財爲內, 則是爭鬪其民, 而施之以劫奪之敎也. 蓋財者人之所同欲, 不能絜矩而欲專之, 則民亦起而爭奪矣.

10-9 민심의 흩어짐과 모임
이 때문에 재물을 모으려들면 민심이 흩어지고, 재물을 잘 배분하면 민심이 한데 모이는 겁니다.

是故財聚則民散(시고재취즉민산), **財散則民聚**(재산즉민취).

근본을 도외시하고 말단을 안으로 끌어들이기 때문에 재물은 모여들지만, 백성들을 다투게 하고 서로 탈취하는 기풍을 조장하기 때문에 민심이 흩어지는 겁니다. 반대로 하게 되면 덕도 있게 되고 민심도 살아나게 됩니다.

外本內末故財聚, 爭民施奪故民散, 反是則有德而有人矣.

10-10 말과 재물의 해악

이 때문에 말에 어깃장을 놓게 되면 또한 어깃장 놓은 말을 듣게 되며, 재물을 패악하게 갈취하면 또한 패악스러움을 당하며 쫓겨 나게 됩니다.

是故言悖而出者(시고언패이출자), **亦悖而入**(역패이입), **貨悖而入者** (화패이입자), **亦悖而出**(역패이출).

패(悖)는 거스른다는 뜻이며, 이는 말의 들고남으로써 재물의 들 고남을 밝힌 것입니다. '선신호덕(先愼乎德)'으로부터 여기까지는, 재물로 인해 혈구의 도를 밝혔을 때와 밝히지 못했을 때의 득실(得 失)을 말한 겁니다.

悖, 逆也. 此以言之出入, 明貨之出入也. 自先愼乎德以下至此, 又 因財貨以明能絜矩與不能者之得失也.

10-11 천명을 잃어버림

『강고』에 이르기를 "천명이 항상 함께하는 것은 아닙니다"라고 했는데, 선(善)하면 천명을 얻고, 선하지 아니하면 천명을 잃어버 림을 말한 겁니다.

康誥曰(강고왈): 「**惟命不於常**(유명불어상)!」 **道善則得之**(도선즉득지), **不善則失之矣**(불선즉실지의).

도(道)는 말한다는 뜻입니다. 앞글 문왕시(王詩)의 의미를 인용함 으로써 더욱 확장해 말하고 있는데, 간곡하게 반복해 그 의미를 더 욱 깊이 있게 하고 있습니다.

道, 言也. 因上文引文王詩之意而申言之, 其丁寧反覆之意益深切矣.

10-12 『초서』의 말씀

『초서(楚書)』에 이르기를 "초나라는 어느 것도 보배로 삼을 것이 없고, 오직 선(善)한 것으로써 보배를 삼습니다"라고 했습니다.

楚書曰(초서왈):「楚國無以爲寶(초국무이위보), 惟善以爲寶(유선이위보).」

『초서』는 『국어』「초어 하(下)」를 의미합니다. 금이나 옥을 보배로 여기지 않고 선한 사람을 보배로 여김을 말한 것입니다.

楚書, 楚語. 言不寶金玉而寶善人也.

10-13 보배로 여기는 것

구범(舅犯)이 말하기를 "도망간 사람은 보배로 여길 것이 못되며, 어버이의 사랑을 보배로 여깁니다"라고 했습니다.

舅犯曰(구범왈):「亡人無以爲寶(망인무이위보), 仁親以爲寶(인친이위보).」

구범은 춘추시대 진나라 문공(文公)의 외삼촌 호언(狐偃)으로 자는 자범(子犯)입니다. 망인(亡人)이라 한 것은 문공이 당시에 공자의 신분이었으나 타국에 망명 중이었기 때문입니다. 인(仁)은 사랑함을 뜻하고, 이러한 일은 『예기』「단궁편」에 기록되어 있습니다. 이는 앞의 두 절에서 말한 "근본을 도외시하고 말단을 중시하지 않습니다"라는 의미를 밝힌 겁니다.

舅犯, 晉文公舅狐偃, 字子犯. 亡人, 文公時爲公子, 出亡在外也.

仁, 愛也. 事見檀弓. 此兩節又明不外本而內末之意.

10-14 마음의 아름다움

「진서」에 이르기를 "만일 어떤 신하가 있었는데, 진실하기만 했지 별다른 재주는 없었지만, 그 마음이 참으로 아름다워 남을 포용할 아량은 있었다고 합시다. 그래서 다른 사람이 뛰어난 재주를 가지고 있으면 마치 자신이 가진 것처럼 그 사람의 빼어나고 훌륭함을 마음속으로 좋아하며, 자신의 일인 양 칭찬할 뿐만 아니라 이를 수용할 수 있는 사람이라면 우리의 자손과 백성을 보전할 수 있고, 오히려 나라에 이로움이 될 것입니다. 그러나 다른 사람이 뛰어난 재주를 가지고 있으면 시기와 질투를 하며 미워하고, 그 사람의 빼어나고 훌륭함을 어깃장 놓으며 통용되지 못하게 하고 이를 수용할 수 없는 사람이라면 우리의 자손과 백성을 보전할 수 없고, 또한 위태롭다고 할 것입니다"라고 했습니다.

秦誓曰(진서왈):「若有一介臣(약유일개신), 斷斷兮無他技(단단혜무타기), 其心休休焉(기심휴휴언), 其如有容焉(기여유용언). 人之有技(인지유기), 若己有之(약기유지), 人之彦聖(인지언성), 其心好之(기심호지), 不啻若自其口出(불시약자기구출), 寔能容之(식능용지), 以能保我子孫黎民(이능보아자손려민), 尙亦有利哉(상역유리재). 人之有技(인지유기), 媢疾(모질), 以惡之(이오지), 人之彦聖(인지언성), 而違之俾不通(이위지비불통), 寔不能容(식불능용), 以不能保我子孫黎民(이불능보아자손려민), 亦曰殆哉(역왈태재)?」

「진서」는 『서경』 「주서」에 실려 있으며, 단단(斷斷)은 진실한 모습입니다. 언(彦)은 빼어난 선비를 뜻하며, 성(聖)은 두루 밝은 식견을 갖춘 훌륭한 사람을 의미하고, 상(尚)은 거의를 뜻합니다. 모(媢)는 시기를 의미하고, 위(違)는 어긋나다를 뜻합니다. 태(殆)는 위험함을 뜻합니다.

秦誓, 周書. 斷斷, 誠一之貌. 彦, 美士也. 聖, 通明也. 尚, 庶幾也. 媢, 忌也. 違, 拂戾也. 殆, 危也.

10-15 어진 사람의 사랑과 미움

오직 어진 사람만이 그들을 추방해 사방의 오랑캐 땅으로 내쫓아 중원지방에서 함께 못 살게 할 수 있습니다. 이를 일러, 오직 어진 사람만이 남을 사랑할 수 있고 남을 미워할 수 있다고 한 겁니다.

唯仁人放流之(유인인방류지), 迸諸四夷(병제사이), 不與同中國(불여동중국). 此謂唯仁人爲能愛人(차위유인인위능애인), 能惡人(능오인).

병(迸)은 축(逐)과 같습니다. 이와 같이 시기하고 질투하는 사람이 있게 되면 어진 사람을 방해하고 나라를 병들게 하니, 어진 사람이 반드시 심하게 미워하고 아주 단절시켜야 됨을 말하고 있습니다. 어진 사람은 지극히 공평무사하기 때문에 좋아하고 미워함을 이와 같이 바르게 할 수 있습니다.

迸, 猶逐也. 言有此媢疾之人, 妨賢而病國, 則仁人必深惡而痛絶之. 以其至公無私, 故能得好惡之正如此也.

10-16 어진 사람을 보면

어진 사람을 보고서도 천거하지 못하거나, 천거했어도 남보다 먼저 하지 않은 것은 태만한 것입니다. 선(善)하지 못한 것을 보고 서도 물리치지 못했거나, 물리쳤더라도 멀리하지 못한 것은 잘못 입니다.

見賢而不能擧(견현이불능거), **擧而不能先**(거이불능선), **命也**(명야).
見不善而不能退(견불선이불능퇴), **退而不能遠**(퇴이불능원), **過也**(과야).

만일 이 같은 사람이라면 사랑과 미움을 알면서도 아직은 '사랑 과 미움의 도'를 다할 수 없는 자이니, 군자이긴 하지만 아직은 어 질지 못한 사람입니다.

若此者, 知所愛惡矣, 而未能盡愛惡之道, 蓋君子而未仁者也.

10-17 남이 좋아하는 것과 싫어하는 것

남이 싫어하는 것을 좋아하고, 남이 좋아하는 것을 싫어하는 것, 이는 인간의 성품을 거스르는 것이라 하는 것이니, 재앙이 반드시 그 몸에 미칠 겁니다.

好人之所惡(호인지소오), **惡人之所好**(오인지소호), **是謂拂人之性**(시 위불인지성), **菑必逮夫身**(치필체부신).

불(拂)은 거스르다는 뜻이며, 선(善)을 좋아하고 악(惡)을 싫어하 는 것은 인간의 본성입니다. 인간의 본성을 거스르게 되면 어질지 못함이 극심해집니다. 「진서」로부터 여기까지는 또한 모두 좋아함 과 미워함, 공과 사의 극한을 펼쳐 말한 것으로 앞글에서 인용한 『시경』의 「남산유대편」과 「절남산편」의 의미를 밝힌 겁니다.

拂, 逆也. 好善而惡惡, 人之性也; 至於拂人之性, 則不仁之甚者也.
自秦誓至此, 又皆以申言好惡公私之極, 以明上文所引南山有台節南山之意.

10-18 군자의 대도

이 때문에 군자에게는 대도(大道)가 있으니, 반드시 충성과 신의
로만 그 길을 얻을 수 있고, 교만하고 나태하면 그 길을 잃어버립
니다.

是故君子有大道(시고군자유대도), **必忠信以得之**(필충신이득지), **驕泰
以失之**(교태이실지).

여기서 군자란 지위로써 말한 겁니다. 여기서의 도(道)란 그 지위
에 올라 자신을 닦고 다른 사람을 다스리는 방법을 말합니다. 자신
의 마음을 다하는 것을 충(忠)이라 하고, 만물의 질서를 따라 어기
지 않는 것을 신(信)이라 합니다. 교(驕)는 자긍심이 지나치게 높은
것을, 태(泰)는 사치스럽고 방자함을 뜻합니다. 이는 앞에서 인용한
「문왕시」와 「강고」의 뜻에 바탕을 두고 한 말입니다. 이 장에서는
'득실(得失)'을 세 번이나 말하고 있는데, 말이 더해질수록 그 뜻이
절실해집니다. 이것(충신忠信과 교태驕泰)에 이르러서는 천리(天理)의
존재와 멸망의 기미가 결정됩니다.

君子, 以位言之. 道, 謂居其位而修己治人之術. 發己自盡爲忠, 循
物無違謂信. 驕者矜高, 泰者侈肆. 此因上所引文王康誥之意而言. 章
內三言得失, 而語益加切, 蓋至此而天理存亡之幾決矣.

10-19 재물의 풍족

재물을 확보하는 데도 대도(大道)가 있는데, 만들어내는 사람이

많고 그것을 먹는 사람은 적고, 만들어내는 사람이 빨리 만들고 쓰는 사람이 아끼면 재물은 항상 풍족할 겁니다.

生財有大道(생재유대도), **生之者衆**(생지자중), **食之者寡**(식지자과), **爲之者疾**(위지자질), **用之者舒**(용지자서), **則財恒足矣**(즉재항족의).

여 씨가 말하기를 "나라에 노는 백성이 없으면 생산자가 많아지고, 조정에 자리만 축내는 관리가 없으면 녹봉을 받는 자가 적어지며, 농사지을 시간을 빼앗지 않으면 농사짓는 것이 빨라지고, 들고나는 것을 잘 헤아리면 그 쓰임이 절약될 겁니다"라고 했습니다. 내(주희)가 보기에도, 이 절은 앞의 '유토유재(有土有財)' 절에 근거해 나라의 경제를 풍족하게 하는 도(道)는 근본에 힘쓰고 소비를 절약하는 데 있는 것이지, 결코 근본을 도외시하고 말단을 따르고서는 재물이 모일 수 있는 것이 아님을 밝히고 있습니다. 이 절로부터 마지막 절에 이르기까지 모두 한결같은 뜻으로 말하고 있습니다.

呂氏曰:「國無遊民, 則生者衆矣. 朝無幸位, 則食者寡矣. 不奪農時, 則爲之疾矣. 量入爲出, 則用之舒矣. 愚按, 此因有土有財而言, 以明足國之道在乎務本而節用, 非必外本內末而後財可聚也. 自此以至終篇, 皆一意也.

10-20 어진 사람과 어질지 못한 사람

어진 사람은 재물로써 몸을 일으키고, 어질지 못한 사람은 몸으로써 재물을 일으킵니다.

仁者以財發身(인자이재발신), **不仁者以身發財**(불인자이신발재).

발(發)은 기(起)와 같은 뜻입니다. 어진 사람은 재물을 골고루 나누어줌으로써 민심을 얻고, 어질지 못한 사람은 자신을 망치면서까지 재물을 늘립니다.

發, 猶起也. 仁者散財以得民, 不仁者亡身以殖貨.

10-21 인(仁)과 의(義)

윗사람이 인(仁)을 좋아하는데 아랫사람이 의(義)를 좋아하지 않은 경우는 아직 없었으며, 의(義)를 좋아하는 사람이 자신이 맡은 일을 끝맺지 아니한 적도 아직 없었으며, 창고에 보관된 재물이 자신의 재물이 아닌 적이 아직껏 없었습니다.

未有上好仁而下不好義者也(미유상호인이하불호의자야), **未有好義其事不終者也**(미유호의기사불종자야), **未有府庫財非其財者也**(미유부고재비기재자야).

윗사람이 인자함을 좋아해 아랫사람을 보살펴주면 아랫사람은 의로움을 좋아해 자신의 윗사람에게 충성을 다하게 됩니다. 이 때문에 일은 반드시 유종의 미가 있게 되며 창고의 재물이 어긋나게 쓰일 걱정은 없어집니다.

上好仁以愛其下, 則下好義以忠其上. 所以事必有終, 而府庫之財無悖出之患也.

10-22 의로움(義)의 이익됨

맹헌자(孟獻子)가 말하기를 "수레 끄는 말을 기르는 사람은 닭이나 돼지를 사육할 생각을 하면 안 되고, 얼음을 잘라 보관해 쓰는 집은 소나 양을 기를 생각을 하면 안 되며, 백 대의 수레를 끄는 집에서는 백성들에게 부당한 세금을 거둬들이는 신하를 두어서는 안됩니다. 부당하게 세금을 거둬들이는 신하보다는 차라리 도둑질하는 신하가 낫습니다"라고 했습니다. 이는 나라에서는 물질적인 이익을 이로움으로 여기지 아니하고, 의로움을 이로움으로 여긴다는 뜻입니다.

孟獻子曰(맹헌자왈):「**畜馬乘不察於雞豚**(축마승불찰어계돈), **伐冰之家不畜牛羊**(벌빙지가불축우양), **百乘之家不畜聚斂之臣**(백승지가불축취렴지신), **與其有聚斂之臣**(여기유취렴지신), **寧有盜臣**(영유도신).」**此謂國不以利爲利**(차위국불이리위리), **以義爲利也**(이의위리야).

맹헌자는 노나라의 훌륭한 대부인 중손멸(仲孫蔑)입니다. 수레 끄는 말을 기를 수 있는 사람이란, 선비로서 처음 등용되어 대부(大夫)의 신분이 된 자를 말합니다. 얼음을 잘라 보관해 쓰는 집이란, 경대부(卿大夫) 이상의 신분으로 상사나 제사 때 얼음을 쓸 수 있는 사람입니다. 백승(百乘)의 집(家)이란, 사방 백 리의 토지를 갖춘 사람입니다. 군자라면 차라리 자신의 재물을 잃을지언정 백성들의 것을 상하게 할 수는 없는 일입니다. 그러므로 차라리 도둑질하는 신하를 두었으면 두었지 부당하게 세금을 거둬들이는 신하를 두지는 않습니다. '차위(此謂)' 이하는 맹헌자의 말을 해석한 겁니다.

孟獻子, 魯之賢大夫仲孫蔑也. 畜馬乘, 士初試爲大夫者也. 伐冰之家, 卿大夫以上, 喪祭用冰者也. 百乘之家, 有采地者也. 君子寧亡己之財, 而不忍傷民之力; 故寧有盜臣, 而不畜聚斂之臣. 此謂以下, 釋獻子之言也.

10-23 물질적인 이익

한 나라의 어른으로서 재물을 쓰는 데에만 힘쓰는 사람은 반드시 소인배들과 결탁했기 때문입니다. 그 어른이 그것을 잘하는 것이라고 여겨 소인배들로 하여금 나랏일을 맡게 한다면, 재앙과 폐해가 거듭해서 닥칠 겁니다. 그때 가서는 비록 선한 사람이 있다 하더라도 또한 어찌해 볼 수가 없을 겁니다. 이것을 일러 "나라에서는 물질적인 이익을 이로움으로 여기지 아니하고, 의로움(義)을 이익으로 여긴다"고 합니다.

長國家而務財用者(장국가이무재용자), **必自小人矣**(필자소인의). **彼爲善之**(피위선지), **小人之使爲國家**(소인지사위국가), **菑害竝至**(치해병지). **雖有善者**(수유선자), **亦無如之何矣**(역무여지하의)! **此謂國不以利爲利**(차위국불이리위리), **以義爲利也**(이의위리야).

자(自)는 유(由)와 같은 뜻으로 소인배들에게 경도되었음을 말한 겁니다. 이 한 절은 물질적인 이익을 이로움으로 여기는 해악을 깊이 있게 밝혀 거듭 말함으로써 결론짓고 있는데, 그 간곡한 뜻이 간절합니다.

自, 由也, 言由小人導之也. 此一節, 深明以利爲利之害, 而重言以結之, 其丁寧之意切矣.

이상은 전(傳) 제10장입니다. '치국(治國)과 평천하(平天下)'에 대해 해석했습니다. 이 제10장의 의미는, 백성들과 더불어 좋아하고 싫어함을 함께하고 그 물리적 이익을 혼자만 챙기지 않아야 된다는 데 있으며, 모두가 혈구(絜矩)의 뜻을 넓혀간 것입니다. 이렇게 한다면 어진 사람을 친애하고 이익을 함께 나누며 각자 제자리를 얻게 되어 천하가 태평해집니다.

右傳之十章. 釋治國平天下. 此章之義, 務在與民同好惡而不專其
利, 皆推廣絜矩之意也. 能如是, 則親賢樂利各得其所, 而天下平矣.

전(傳)은 모두 열 장입니다. 앞의 네 장에서는 강령(綱領)의 취지
를 총괄했고, 뒤의 여섯 장에서는 조목(條目)의 공부를 세부적으로
논했습니다. 그중 제5장은 선(善)을 밝히는 요결이고, 제6장은 몸을
진실되게 하는 근본으로써 처음 배우는 자들이라면 더욱 힘써야
할 부분입니다. 독자들은 이 장들의 내용이 별것 아니라고 여겨 소
홀히 하면 안 될 겁니다.

凡傳十章. 前四章統論綱領指趣, 後六章細論條目功夫. 其第五章
乃明善之要, 第六章乃誠身之本, 在初學尤爲當務之急, 讀者不可以
其近而忽之也.

한자어원풀이

事有終始(사유종시) 란 일에는 끝과 시작이 있다는 뜻으로 『대학(大學)』 경(經) 제1장의 "사물에는 근본과 말후가 있으며, 일에는 끝과 시작이 있는데, 그것의 선후를 알면 도에 가깝습니다"에서 유래했습니다.

일 事(사) 의 갑골문 자형을 보면 '붓을 손으로 잡은 모양'을 상형한 것으로 처음에는 기록을 주로 하는 사관(史官)을 뜻했습니다. 이는 자형의 유래가 같은 '역사 사(史)'와 '벼슬아치 리(吏)' 역시 갑골문에는 '붓을 손으로 잡은 모양'으로 그려져 있기 때문이죠. 그러다 후대로 오면서 허신(許慎)이 『설문해자(說文解字)』에서 정의한 것처럼 史(사)는 '일을 기록하는 사람'으로, 吏(리)는 '사람을 다스리는 자'로, 事(사)는 '직책'으로 구분하게 되었습니다.

있을 有(유) 는 손(手)의 모양을 뜻하는 자형상부의 ナ(좌)와 크게 썬 고기 덩이를 뜻하는 상형글자인 고기 육(肉)의 변형인 육달월(月)로 이루어졌습니다. 이에 따라 有(유)는 손(ナ)에 고기 덩이(肉=月)를 쥐고 있다는 데서 '가지고 있다', '있다'는 뜻을 지니게 되었죠.

끝날 終(종) 은 가는 실 사(糸, 멱)와 겨울 동(冬)으로 이루어져 있습니다. 糸(사)는 누에고치에서 막 뽑아 잣아 놓은 실타래를 본뜬 상형글자죠. 冬(동)은 뒤져서 올 치(夊)와 얼음 빙(冫)으로 구성되었습니다. 고문(古文)의 상형글자에는 두 개의 언 나뭇잎이 매달린 모양이었지만 겨울이라는 의미를 명확히 전달하지는 않았습니다. 그래서 후대에 얼음을 뜻하는 빙(冫) 자 위에 뒤져서 올 치(夊)를 얹어 '겨울'이라는 의미를 부여했답니다. 즉 얼음(冫)이 언 빙판길에서는 어기적거리며 천천히 걸을(夊) 수밖에 없음을 나타냈죠. 따라서 終(종)의 전체적인 의미는 사계절의 마지막인 겨울(冬)을 의미요소로 삼아 실(糸)의 '끝'을 뜻해 '마치다', '마지막', '죽다' 등으로 확장되었답니다.

처음 始(시) 는 여자 녀(女)와 나 이(台: 별 태, 대 대)로 이루어져 있습니다. 女(녀)는 모계사회 때 형성된 상형글자로 여자가 무릎을 꿇고 손을 합장하고서 신에게 기도하는 모습이었으나 훗날에 부계사회로 전환되면서 여자의 총칭으로 쓰였습니다. 台(이)는 사사로울 사(厶)와 입 구(口)로 구성되었는데, 그 의미를 입가(口)에 주름(厶)지으며 빙긋이 웃는다 하여 '기뻐하다' 혹은 웃는 주체인 '나' 자신을 뜻한다고 봅니다. 그러나 인문학적인 의미를 고려해 살펴보자면, 台(이)는 '목숨'을 뜻한다고 보아야 해석이 용이할 것 같습니다. 즉 목구멍을 뜻하는 '목'은 입(口)이요, 숨구멍을 뜻하는 '숨'은 코(厶)를 말한 겁니다. 스스로 자(自)가 본디 코를 의미했듯 厶(사) 역시 코를 뜻하면서 입을 상형한 口(구)와 더불어 우리 생명을 유지하는 목숨(목: 口, 숨: 厶)을 의미하고 있습니다. 즉 우리가 살아가는 데 가장 중요한 호흡작용과 섭생을 의미하면서 복지(福祉)를 나타낸 거죠. 달리 말해 생명력을 유지하는 코(厶)와 입(口)이 윤택(氵)하기만 하면 잘 다스려진다는 의미가 '다스릴 治(치)'에 함축되어 있습니다. 따라서 전체적인 의미는 여자(女)가 새로운 목숨(台)을 잉태한 순간 그 아이의 생명력이 시작된다는 데서 '처음'이라는 뜻을 부여했습니다.

格物致知(격물치지) 란 사물을 정확히 헤아려 자신의 지혜를 이룬다는 뜻으로, 『대학(大學)』 경(經) 제1장의 "옛날 천하에 명덕을 밝히려 했던 사람은 먼저 자신의 나라를 잘 다스렸고, 그 나라를 다스리려 했던 사람은 먼저 자신의 가정을 반듯하게 했으며, 그 가정을 반듯하게 하려 했던 사람은 먼저 자신의 몸을 닦았고, 그 몸을 닦으려 했던 사람은 먼저 자신의 마음을 바르게 했으며, 그 마음을 바르게 하려 했던 사람은 먼저 자신의 의지를 진실하게 했고, 그 의지를 진실되게 하려 했던 사람은 먼저 자신의 지혜를 이루었으며, 지혜를 이루는 것은 사물을 정확히 헤아리는 데 있습니다"라는 구절에서 유래했습니다.

격식 格(격) 은 나무 목(木)과 각각 각(各)으로 이루어졌습니다. 木(목)은 나무의 모양을 본뜬 상형글자로 자형상부는 나뭇가지를, 하부는 땅에 뿌리를 내리고 있는 모양을 본뜬 것입니다. 各(각)은 뒤져서 올 치(夂)와 입 구(口)로 구성되었습니다. 갑골문에서는 천천히 걸을 쇠(夂)와 뒤져서 올 치(夊)가 구분되지는 않았지만 대체적으로 '뒤처져 온다'는 뜻을 담고 있습니다. 또한 口(구)는 움푹하게 파인 고대인들의 거주지인 움집을 표현한 것입니다. 따라서 그 의미는 저마다 자기의 움집(口)으로 돌아간다(夊)는 데서 '각각', '각기'라는 뜻이 생겨났습니다. 따라서 格(격)의 전체적인 의미는 나무(木)의 가지가 제각각(各) 뻗어 자라는 것 같아도 일정한 형식에 따라 자란다는 데서 '격식'이라는 뜻이 되었습니다.

물건 物(물) 은 소 우(牛)와 말 물(勿)로 구성되었습니다. 牛(우)는 소의 뿔과 몸통을 강조한 상형글자입니다. 소(牛)는 한 가정의 재산목록 중 상위를 차지할 만큼 큰 물건(物件)이었습니다. 勿(물)에 대해 『설문해자』에서는 "勿은 큰 고을이나 작은 마을에 세운 깃발을 말한다. 깃대의 모양을 본뜬 것으로 세 개의 깃발이 있는데, 여러 색의 천을 사용하며 깃 폭의 상하를 다르게 한다. 이것으로써 사람들을 모이게 하기 때문에 다급히 모이는 것을 '勿勿'이라 한다"라고 했습니다. 갑골문에도 보이지만 勿(물)에 대한 학자들의 해석이 각양각색입니다. 그러나 현재는 주로 '부정'과 '금지'의 뜻으로 쓰이는 것으로 미루어 신성한 장소의 출입을 금하는 깃발로 생각됩니다. 장대 끝에 세 가지 색깔의 깃발을 매단 모양의 상형글자로 신성한 의미를 담아 특정 지역에 드나드는 것을 금지(禁止)하는 뜻을 내포하고 있지만, 여기서는 얼룩무늬라는 뜻으로 쓰였습니다. 따라서 物(물)에는 소(牛) 중에서도 얼룩무늬(勿)가 들어간 칡소를 최고의 '물건'으로 여긴다는 뜻이 담겨 있으며, 모든 존재를 뜻하는

'만물', '사물' 등은 확장된 뜻입니다.

이를 致(치)는 이를 지(至)와 칠 복(攵)으로 이루어져 있습니다. 至(지)에 대해 허신은 『설문해자』에서 "至는 새가 높은 곳으로부터 날아와 땅으로 내려온다는 뜻이다. 一(일)로 구성되었으며, 一(일)은 땅을 뜻하고 상형글자다. 위로 올라가지 않고 아래로 내려온다는 뜻이다"라고 했습니다. 갑골문에도 보이며, 혹자는 화살이 멀리에서 날아와 땅에 꽂히는 모양을 본뜬 것이라고 해석하기도 합니다. 그러나 하늘로 날아갔던 새가 땅으로 내려오는 모습을 담은 상형글자로 보는 것이 일반적입니다. 새가 하늘로 날아가 잘 보이지 않는 것을 不(불)이라 하여 '--이 아니다'는 부정적인 의미를 부여했고, 그 날아갔던 새가 다시 땅에 이르는 것을 至(지)라 했습니다. 攵(복)은 攴(복)의 간략형으로 손(又)에 회초리나 몽둥이(卜)를 들고서 친다는 뜻을 지녔습니다. 일반적으로 글월 문(文)과 비슷하다 하여 '등(等) 글월 攵(문)'이라고도 하는데 주로 자형의 우변에 놓입니다. 따라서 致(치)의 전체적인 의미는 어떤 곳에 이를(至) 수 있도록 회초리를 들고서 친다(攵)는 데서 '이르다'가 되었습니다.

알 知(지)는 화살 시(矢)와 과녁을 뜻하는 구(口)로 구성되었습니다. 矢(시)에 대해 허신은 『설문해자』에서 "矢는 활을 통해 격발하는 화살을 말한다. 入(입)으로 구성되었고, 화살촉과 활 시위대 그리고 깃털로 만들어진 전체 모양을 본떴다. 옛날에 이모(夷牟)라는 사람이 처음 화살을 만들었다"고 했습니다. 그러나 갑골문을 보면 들입(入) 자와는 관련이 없으며 화살 전체의 모양을 본뜬 상형글자입니다. 矢(시)가 다른 부수에 더해지면 화살이란 본뜻을 유지하는가 하면 짧을 短(단)의 용례에서처럼 그 규모가 짧거나 왜소한 뜻을 지니면서 장단의 기준이 되기도 합니다. 따라서 知(지)의 전체적인 의미는 활에서 당겨진 화살(矢)이 과녁(口)을 향해 날아가는 방향을 끝까지 지켜보아야 향방을 '알 수 있다'는 뜻을 담고 있습니다.

絜矩之道(혈구지도) 란 모든 백성의 마음을 헤아려 잰다는 뜻으로 『대학(大學)』전(傳) 제10장의 "이른바 천하를 태평하게 하는 것이 그 나라를 다스리는 데에 있다고 한 것은, 임금이 노인을 노인답게 예우하면 백성들은 효도의 기풍을 일으키고, 임금이 연장자를 연장자답게 대우하면 백성들은 공경하는 기풍을 일으키며, 임금이 외로운 사람들을 따스한 마음으로 감싸 안으면 백성들은 임금을 배반하지 않는다는 겁니다. 이 때문에 군자는 모든 백성의 마음을 헤아려 재는 도(道), 즉 혈구지도(絜矩之道)를 간직하고 있어야 합니다"라는 대목에서 유래했습니다.

헤아릴 絜(혈) 은 교묘히 새길 갈(㓞, 약속할 계)과 가는 실 사(糸)로 구성되었습니다. 여기서 㓞(갈)은 '맺을 계(契)'의 본래 글자인데, 그 의미는 '풀이 자라 산란할 개(丰)'에서 볼 수 있듯 어지럽게 자라난 풀(丰)들을 칼(刀)로 가지런하게 자른다는 뜻뿐만 아니라 갑골문에서 보이듯 칼(刀)로써 나무와 같은 곳에 어떠한 약속의 표시(丰)를 새긴다 하여 '새기다', '약속하다'의 뜻이 발생했습니다. 또한 칼

(刀)로 약속의 표시(丯)를 새기는 재료가 나무(木)라는 데서 '새길 契(계)' 자가 생겨났습니다. 이로 미루어볼 때, 絜(혈)의 의미는 삼 껍질을 벗겨 잘게 쪼개 꼬아 만든 가는 실(糸)은 그 크기가 일정치 않고 어지럽기(丯) 마련인데, 칼(刀)로 자르려면 잘 살펴야 된다는 데서 '헤아리다'의 뜻을 지니게 되었습니다.

곱자 矩(구) 는 화살 시(矢)와 클 거(巨)로 구성되었습니다. 시(矢)에 대해서는 앞에서 知(지) 자를 설명하면서 이야기했는데요. 矢(시)는 다른 부수에 더해지면 화살이란 본뜻을 유지하는가 하면 짧을 短 (단)의 용례에서처럼 그 규모가 짧거나 왜소한 뜻을 지니면서 장단의 기준이 되기도 합니다. 다음으로 클 거(巨)는 가운데에 손잡이가 달린 커다란 자인 곡척(曲尺)을 본떠 만든 글자로 '크다', '많다'는 뜻이 되었습니다. 巨(거)에 대해 『설문해자』에서는 "원의 지름이나 선의 거리를 재는 도구라는 뜻이다. 工(공)으로 구성되었으며 손으로 그것을 잡고 있는 모양을 본떴다"라고 했습니다. 이 글자는 금문에도 보이는데, 工(공) 자 모양의 커다란 자를 사람(大)이 손을 뻗어 잡고 있는 모양이었는데, 소전으로 오면서 현재의 자형을 이루었습니다.

갈 之(지) 는 발 모양을 상형한 지(止)의 아래에 출발선을 뜻하는 '一' 모양을 더한 글자인데, '어디론가 간다'는 의미를 담았습니다. 특히 발 모양을 본뜬 止(지)의 갑골문을 보면 자형우측의 옆으로 뻗는 모양(-)은 앞으로 향한 엄지발가락이며, 중앙의 세로(丨)와

좌측의 작은 세로(|)는 각각 발등과 나머지 발가락을, 자형하부의 가로(─)는 발뒤꿈치를 나타내며, 앞으로 향한 좌측 발의 모습을 그려내고 있습니다. 여기서는 어조사로 쓰였답니다.

길 道(도) 는 쉬엄쉬엄 갈 착(辶)과 머리카락과 이마 그리고 코(自)를 그려낸 머리 수(首)로 이루어져 있습니다. 머리(首)를 앞세우고 재촉하지도 않고 천천히 발걸음(辶)을 앞으로 내딛는 게 바로 道(도)의 의미이죠. 일반적으로 말하는 통행하는 길이라는 의미보다는 모든 개체가 본능적으로 가야 할 운명적인 '길'이라는 의미가 담겨 있습니다. 그래서 각자가 가야 할 운명적인 길을 말할 때는 道(도)라고 합니다. 따라서 '道(도)를 닦는다'고 할 때는 자신의 영성(靈性)을 맑고 밝게 하여 보다 나은 마음의 영역을 넓히는 것이죠. 그 길은 오가는 게 아니라 계속 앞으로만 나아가야 합니다.

제2권

중용장구
中庸章句

중 용장구서(中庸章句序)

　중용은 어찌하여 지었습니까? 자사(子思)께서 도학(道學)의 전달이 끊길까 걱정되어 지으신 겁니다. 상고시대에 성신(聖神)이 하늘의 뜻을 계승해 인간의 표준을 세우면서 도통(道統)이 전달된 유래가 있었습니다. 경서(經書)에 나타난 것으로 "진실로 그 중도를 잡으라"는 것은 요임금이 순임금에게 전수한 겁니다. "인심(人心)은 위태롭고 도심(道心)은 은미(隱微)하니, 오직 순수하고 한결같이 해야 그 중도를 잡을 수 있습니다"라는 것은 순임금이 우임금에게 전수한 겁니다. 요임금의 한 말씀은 지극하고도 정성을 다한 것인데, 순임금이 세 말씀을 더한 것은 요임금의 한 말씀을 밝히려면 반드시 이와 같이 해야만 중도에 가깝게 다가갈 수 있다는 겁니다.

中庸何爲而作也(중용하위이작야)? 子思子憂道學之失其傳而作也(자사자우도학지실기전이작야). 蓋自上古聖神繼天立極(개자상고성신계천입극), 而道統之傳有自來矣(이도통지전유자래의). 其見於經(기견어경), 則(즉)「允執厥中(윤집궐중)」者(자), 堯之所以授舜也(요지소이수순야). 「人心惟危(인심유위), 道心惟微(도심유미), 惟精惟一(유정유일), 允執厥中(윤집궐중)」者(자), 舜之所以授禹也(순지소이수우야). 堯之一言(요지일언), 至矣盡矣(지의진의)! 而舜復益之以三言者(이순부익지이삼언자), 則所以明夫堯之一言(즉소이명부요지일언), 必如是而後可庶幾也(필여시이후가서기야).

일찍부터 논해진 것은 마음의 허령(虛靈, 잡된 생각이 없이 마음이 신령하다)과 지각(知覺)은 하나일 뿐이라는 겁니다. 그런데 인심과 도심에 차이가 있다고 한 것은 인심은 개별적인 형기(形氣, 겉으로 보이는 형상과 기운)에서 나오고, 도심(道心)은 성명(性命, 인성과 천명)의 바름에 근원해 지각으로 삼은 것이 다르기 때문입니다. 이 때문에 혹은 위태로워 불안하거나 혹은 미묘해 보기가 어려운 것일 뿐입니다. 그러나 사람은 이 형체를 지니고 있지 않은 이가 없으므로 비록 지혜로운 상지(上智, 뛰어난 지혜)가 있더라도 인심이 없을 수 없고, 또한 성품(性)을 가지고 있지 않은 이가 없으므로 비록 어리석은 하지(下智, 낮은 지혜)라 할지라도 도심이 없을 수가 없는 겁니다. 인심과 도심이라는 두 가지가 마음속에 뒤섞여 있어서 다스릴 줄을 모르면 위태로운 인심은 더욱 위태로워지고, 은미(隱微)한 도심은 더욱 은미해집니다. 그러니 천리(天理)의 공변됨이 끝내 인욕(人

慾)의 사사로움을 이길 수가 없을 겁니다. 정(精)은 인심과 도심이라는 두 가지 사이를 살펴 뒤섞이지 않게 하는 것이고, 일(一)은 본심의 바름을 지켜 떠나지 않게 하는 겁니다. 이것(精과 一)에 매진해 조금이라도 끊어지지 않게 하면 반드시 도심은 항상 한 몸(一身)의 주인이 되고, 인심이 항상 도심의 명령을 듣게 해야 합니다. 그렇게 되면 위태로운 인심이 편안해지고 은미한 도심은 드러나게 되어 움직임과 고요함, 말하고 행하는 것이 저절로 넘치거나 부족함의 잘못이 사라질 겁니다.

蓋嘗論之(개상론지), 心之虛靈知覺(심지허령지각), 一而已矣(일이이의), 而以爲有人心道心之異者(이이위유인심도심지이자), 則以其或生於形氣之私(즉이기혹생어형기지사), 或原於性命之正(혹원어성명지정), 而所以爲知覺者不同(이소이위지각자불동), 是以或危殆而不安(시이혹위태이불안), 或微妙而難見耳(혹미묘이난견이). 然人莫不有是形(연인막불유시형), 故雖上智不能無人心(고수상지불능무인심), 亦莫不有是性(역막불유시성), 故雖下愚不能無道心(고수하우불능무도심). 二者雜於方寸之間(이자잡어방촌지간), 而不知所以治之(이불지소이치지), 則危者愈危(즉위자유위), 微者愈微(미자유미), 而天理之公卒無以勝夫人欲之私矣(이천리지공졸무이승부인욕지사의). 精則察夫二者之間而不雜也(정즉찰부이자지간이불잡야), 一則守其本心之正而不離也(일즉수기본심지정이불리야). 從事於斯(종사어사), 無少間斷(무소한단), 必使道心常爲一身之主(필사도심상위일신지주), 而人心每聽命焉(이인심매청명언), 則危者安微者著(즉위자안미자저), 而動靜云爲自無過不及之差矣(이동정운위자무과불급지차의).

요·순·우임금은 천하의 위대한 성인이십니다. 천하에 서로 전달하는 것은 세상의 큰일입니다. 천하의 위대한 성인으로서 세상의 큰일을 행하시면서 주고받을 때에 간곡하게 경계의 말씀을 하신 것이 앞에서 본 바와 같습니다. 천하의 이치가 어찌 이보다 더한 것이 있겠습니까? 이후로부터 성인과 성인이 서로 전승했습니다. 즉 상나라를 개국한 성탕(成湯)임금과 문왕(文王)과 무왕(武王)과 같은 군주, 고도(皋陶)·이윤(伊尹)·부열(傳說)·주공(周公)·소공(召公)과 같은 신하들이 이미 모두 이것으로써 도통(道統)의 전수를 이어갔습니다. 우리 대부님(孔子) 같은 분은 비록 그 지위를 얻지 못하셨지만, 이미 가신 옛 성인들을 잇고 다가오는 후학들에게 길을 열어주신 공로는 도리어 요순보다 뛰어났다고 할 수 있습니다.

夫堯(부요)·舜(순)·禹(우), 天下之大聖也(천하지대성야). 以天下相傳(이천하상전), 天下之大事也(천하지대사야). 以天下之大聖(이천하지대성), 行天下之大事(행천하지대사), 而其授受之際(이기수수지제), 丁寧告戒(정녕고계), 不過如此(불과여차). 則天下之理(즉천하지리), 豈有以加於此哉(기유이가어차재)? 自是以來(자시이래), 聖聖相承(성성상승), 若成湯(약성탕)·文(문)·武之爲君(무지위군), 皋陶(고도)·伊(윤)·傳(부)·周(주)·召之爲臣(소지위신), 旣皆以此而接夫道統之傳(기개이차이접부도통지전), 若吾夫子(약오부자), 則雖不得其位(즉수불득기위), 而所以繼往聖開來學(이소이계왕성개래학), 其功反有賢於堯舜者(기공반유현어요순자).

그러나 이 시대를 겪어 보고 안 사람은 오직 안 씨(顔氏)와 증 씨

(曾氏)의 전함이 종통(宗統, 맏아들의 계보)을 얻었습니다. 증 씨가 두 번째 전해 다시 공자님의 손자인 자사(子思)에 이르렀을 때는 성인(聖人)과는 거리가 멀어지고 이단(異端)이 일어나기 시작했습니다. 그래서 자사는 더 오래되면 그 참된 도를 잃을까 걱정했습니다. 이에 요순 이래로 전해 오던 뜻을 미루어 근본으로 하고, 평소에 아버지 공리(孔鯉)와 스승에게 들은 말씀을 바탕으로 번갈아 연역(演繹)해 이 책을 지어 후세의 학자들을 일깨웠습니다.

然當是時(연당시시), 見而知之者(견이지지자), 惟顔氏曾氏之傳得其宗(유안씨증씨지전득기종). 及曾氏之再傳(급증씨지재전), 而復得夫子之孫子思(이부득부자지손자사), 則去聖遠而異端起矣(즉거성원이이단기의). 子思懼夫愈久而愈失其眞也(자사구부유구이유실기진야). 於是推本堯舜以來相傳之意(어시추본요순이래상전지의), 質以平日所聞父師之言(질이평일소문부사지언), 更互演繹(경호연역), 作爲此書(작위차서), 以詔後之學者(이조후지학자).

그 걱정하심이 깊으셨기 때문에 말씀하심이 간절했고, 염려하심이 원대했기 때문에 설명하심이 상세했습니다. 말씀하신 '천명(天命)과 솔성(率性)'은 도심(道心)을 일컫는 겁니다. 그리고 '택선(擇善)과 고집(固執)'이라 말씀하신 것은 '정(精)과 일(一)'을 일컫는 것이고, '군자시중(君子時中)'이라 말씀하신 것은 '집중(執中)'을 일컫는 겁니다. 세대가 서로 떨어진 것이 천여 년이 되었지만 그 말씀이 다르지 않은 것은 마치 부절(符節, 예전에 돌이나 대나무, 옥 등을 두 개로 쪼개어 신분의 증거로 사용한 물건)을 합한 것과 같습니다. 옛 성인들의 책을 뽑아보건대 강유(綱維)를 제시하고 아주 깊은 내용을 펼쳐 보여주신 것이 이 『중용(中庸)』처럼 분명하고 정성을 다한 것은 있지 않았습니다.

蓋其憂之也深(개기우지야심), 故其言之也切(고기언지야절), 其慮之也遠(기려지야원), 故其說之也詳(고기설지야상). 其曰(기왈):「天命率性(천명솔성)」, 則道心之謂也(즉도심지위야). 其曰(기왈):「擇善固執(택선고집)」, 則精一之謂也(즉정일지위야). 其曰(기왈):「君子時中(군자시중)」, 則執中之謂也(즉집중지위야). 世之相後(세지상후), 千有餘年(천유여년), 而其言之不異(이기언지불이), 如合符節(여합부절). 歷選前聖之書(역선전성지서), 所以提挈綱維開示蘊奧(소이제설강유개시온오), 未有若是之明且盡者也(미유약시지명차진자야).

이로부터 또다시 맹 씨(孟氏)에게 전해져 이 책을 미루어 밝혀 앞선 성인의 도통을 받들었는데, 그분이 사망하시자 마침내 그 전승 체계를 잃어버렸습니다. 그나마 우리 도(道)가 살아남은 것은 언어와 문자의 행간에 지나지 않았고, 그 사이에 이단의 설들은 날로 새로워지고 달로 융성해졌습니다. 특히 노자(老子)와 불가의 무리들이 출현함에 이르러서는 더욱 이치에 가까워 우리의 참된 논리를 크게 어지럽혔습니다. 그러나 다행히 이 책이 없어지지는 않았습니다. 그러므로 정부자(程夫子, 정호와 정이) 형제가 나타나시어 상고한 것이 있어 천 년 동안 전해지지 않았던 전통을 이었습니다. 바로 근거할 바가 있었기에 도교와 불교의 사이비적 논리를 배척할 수 있었습니다.

自是而又再傳以得孟氏(자시이우재전이득맹씨), 爲能推明是書(위능추명시서), 以承先聖之統(이승선성지통), 及其沒而遂失其傳焉(급기몰이수실기전언). 則吾道之所寄不越乎言語文字之間(즉오도지소기불월호언어문자지한), 而異端之說日新月盛(이이단지설일신월성), 以至於老佛之徒出(이지어노불지도출), 則彌近理而大亂眞矣(즉미근리이대란진의). 然而尚幸此書之不泯(연이상행차서지불민), 故程夫子兄弟者出(고정부자형제자출), 得有所考(득유소고), 以續夫千載不傳之緒(이속부천재불전지서). 得有所據(득유소거), 以斥夫二家似是之非(이척부이가사시지비).

그러니 자사의 공로가 이처럼 커지게 되었는데, 정부자 형제가 없었다면 자사의 말씀으로 그 마음을 얻지는 못했을 겁니다. 애석합니다! 두 형제가 해설하신 것은 전해지지 않고, 석 씨(石墩, 주희와 동시대의 사람)가 모아 기록한 것은 정 씨 형제의 문인들이 기록한 것에서 겨우 그 출처를 찾을 수 있습니다. 이 때문에 큰 뜻이 밝아지긴 했으나 은미한 말씀은 분석되지 못했습니다. 그 문인들이 각자 말한 것에 따르면 비록 아주 상세하고 정성을 다해 밝혀낸 것이 많으나, 스승의 말씀을 저버리고 노자와 불교에 빠진 자들도 또한 있었습니다.

蓋子思之功於是爲大(개자사지공어시위대), 而微程夫子(이미정부자), 則亦莫能因其語而得其心也(즉역막능인기어이득기심야). 惜乎(석호)! 其所以爲說者不傳(기소이위설자불전), 而凡石氏之所輯錄(이범석씨지소집록), 僅出於其門人之所記(근출어기문인지소기), 是以大義雖明(시이대의수명), 而微言未析(이미언미석). 至其門人所自爲說(지기문인소자위설),

則雖頗詳盡而多所發明(즉수파상진이다소발명), 然倍其師說而淫於老佛者(연배기사설이음어노불자), 亦有之矣(역유지의).

나(주희)는 젊었을 때부터 이 책을 입수해 읽으며 의심을 품고서 가슴 깊이 생각에 잠기거나 반복해서 읽은 게 여러 해였는데, 어느 날 하루아침에 어슴푸레하게나마 핵심 줄거리를 터득한 듯도 했습니다. 그런 후 여러 사람의 해설을 모으고 절충해 '장구(章句)' 한 편을 책정하고 후세의 군자를 기다리고 있었습니다. 그러면서도 한두 명의 동지들과 함께 다시 석돈(石墩)의 글을 취해 번잡하고 혼란한 부분을 다듬어 '집략(輯略)'이라 이름하였습니다. 또 일찍이 논변하여 취사선택한 뜻을 모아 별도로 '혹문(或文)'을 만들어 그 뒤에 부록으로 했습니다.

熹自蚤歲卽嘗受讀而竊疑之(희자조세즉상수독이절의지), 沈潛反復(침잠반복), 蓋亦有年(개역유년), 一旦恍然似有得其要領者(일단황연사유득기요령자), 然後乃敢會衆說而折其衷(연후내감회중설이절기충), 旣爲定著章句一篇(기위정저장구일편), 以俟後之君子(이사후지군자). 而一二同志復取石氏書(이일이동지부취석씨서), 刪其繁亂(산기번란), 名以輯略(명이집략), 且記所嘗論辯取捨之意(차기소상론변취사지의), 別爲或問(별위혹문), 以附其後(이부기후).

그러한 뒤에 이 책의 요지가 가지로 나뉘고 마디가 풀려서 맥락이 통하게 되었고, 상세함과 간략함이 서로 잇닿아졌고 크고 작은 뜻이 모두 낱낱이 들추어졌습니다. 그래서 모든 학설의 같음과 다름, 득과 실 또한 그 조리가 분명하고 널리 통하게 되어 각각 그 취지를 극명하게 했습니다. 비록 내가 도통을 전하는 데 감히 망령되게 의논할 수는 없으나, 처음 배우는 선비가 혹 취함이 있으면 멀리 가거나 높이 오르는 데에 얼마간의 도움은 될 것입니다.

然後此書之旨(연후차서지지), 支分節解(지분절해), 脈絡貫通(맥락관통), 詳略相因(상략상인), 巨細畢擧(거세필거), 而凡諸說之同異得失(이범제설지동이득실), 亦得以曲暢旁通(역득이곡창방통), 而各極其趣(이각극기취). 雖於道統之傳(수어도통지전), 不敢妄議(불감망의), 然初學之士(연초학지사), 或有取焉(혹유취언), 則亦庶乎行遠升高之一助云爾(즉역서호행원승고지일조운이).

순희(淳熙) 기유년(1189년) 봄 3월 무신일에 신안 주희 서문을 쓰다.
淳熙己酉春三月戊申(순희기유춘삼월무신), 新安朱熹序(신안주희서).

중 용장구(中庸章句)

중(中)이란 치우치지 않고 기울지 않으며 지나치거나 미치지 못함이 없는 것을 이름한 겁니다. 용(庸)이란 평범하고 떳떳함을 뜻합니다.
中者, 不偏不倚無過不及之名. 庸, 平常也.
정자(程子)께서는 "치우치지 않음을 중(中)이라 하고, 변화하지 않음을 용(庸)이라 합니다. 중이란 천하의 바른 길이며, 용이란 천하의 정해진 이치입니다"라고 말씀하셨습니다. 이 책은 곧 공자님의 문하에 전수되어 온 심법(心法)으로 자사(子思)께서는 그것(전수되어 온 심법)이 오래되어 차질이 생길까 염려되어 이 책을 기록해 맹자님(孟子)에게 전수한 겁니다. 이 책에서는 처음에는 한 가지 이치를 말하고, 중간에는 확산되어 만 가지 일이 됨을, 끝에서는 다시 합해 한 가지 이치로 말했으니, "이를 풀어 놓으면 온 우주에 가득차고, 말아 쥐면 비밀한 곳(마음)에 감추어지니" 그 의미가 무궁해 모두 실제적인 학문이라 할 수 있다고 했습니다. 잘 읽고 깊은 뜻을 찾아내 얻은 바가 있으면 죽을 때까지 활용하더라도 다함이 없을 겁니다.

　子程子曰:「不偏之謂中, 不易之謂庸. 中者, 天下之正道, 庸者, 天下之定理.」 此篇乃孔門傳授心法, 子思恐其久而差也. 故筆之於書, 以授孟子. 其書始言一理, 中散爲萬事, 末復合爲一理,「放之則彌六合, 卷之則退藏於密」, 其味無窮, 皆實學也. 善讀者玩索而有得焉, 則終身用之, 有不能盡者矣.

제1장　　　성·도·교(性道教)의 장

1-1 성과 도와 교의 정의
하늘이 명한 것을 본성(性)이라 하고, 본성을 따르는 것을 도(道)

라 하며, 도를 닦는 것을 교(敎)라 합니다.

  天命之謂性(천명지위성), **率性之謂道**(솔성지위도), **修道之謂敎**(수도
지위교).

  명(命)이란 명령과 같고, 성(性)이란 이치입니다. 하늘은 음양오행
(陰陽五行)으로써 만물을 변화시키고 성장시키는데, 기(氣)로써 형
체를 이루고 이치 또한 부여하니 마치 명령하는 것과 같은 겁니다.
이에 사람과 만물이 태어나면서 각자 부여받은 이치에 따라 건순
(健順)·오상(五常)의 덕을 갖추게 되니 이른 바 성(性)이라고 합니다.
솔(率)은 따르는 것이며, 도(道)는 오가는 길과 같습니다. 사람과 만
물은 각자 그 본성의 자연스러움을 따르게 되면 날마다 활용하는
사물 간에 각기 마땅히 행해야 할 길이 있으니(있지 아니함이 없으니)
이것이 바로 도라는 겁니다. 수(修)는 품수를 구별하고 절차를 정하
는 품절(品節)입니다. 본성과 도는 같은 것이기는 하지만 기를 받는
것이 간혹 다르기 때문에 지나치거나 미치지 못하는 차이가 없을
수 없습니다. 그래서 성인은 사람과 만물이 마땅히 행해야 할 것에
따라 품절해 천하에 법을 제정했으니, 이것이 곧 가르침인 교(敎)입
니다. 예(禮)·악(樂)·형(刑)·정(政) 등과 같은 것이 바로 이겁니다. 대
개 사람이 사람이 된 까닭이나 도가 도가 된 이유 그리고 성인이
가르침을 펼친 것은 원래 절로 그러한 것으로 하나라도 하늘에 근
본하지 아니한 것이 없이 나에게 갖추어져 있습니다. 배우는 사람
이 이를 알면 그 배움에 힘쓸 바를 알게 되어 그칠 수가 없는 겁니
다. 그래서 자사(子思)께서는 이것을 가장 먼저 밝혔으니, 독자들이
마땅히 깊이 체득하면 잠잠히 인식할 수 있을 겁니다.

命, 猶令也. 性, 卽理也. 天以陰陽五行化生萬物, 氣以成形, 而理亦賦焉, 猶命令也. 於是人物之生, 因各得其所賦之理, 以爲健順五常之德, 所謂性也. 率, 循也. 道, 猶路也. 人物各循其性之自然, 則其日用事物之間, 莫不各有當行之路, 是則所謂道也. 修, 品節之也. 性道雖同, 而氣稟或異, 故不能無過不及之差, 聖人因人物之所當行者而品節之, 以爲法於天下, 則謂之教, 若禮·樂·刑·政之屬是也. 蓋人之所以爲人, 道之所以爲道, 聖人之所以爲教, 原其所自, 無一不本於天而備於我. 學者知之, 則其於學知所用力而自不能已矣. 故子思於此首發明之, 讀者所宜深體而默識也.

1-2 도(道)라는 것

도라는 것은 잠시도 (우리 삶에서) 떠날 수 없으니, 만약 떠날 수 있다면 도가 아닙니다. 이렇기 때문에 군자는 남이 안 보는 곳에서도 스스로 경계하고 조심하며, 남이 들을 수 없는 곳에서도 두려워하고 살피는 겁니다.

道也者(도야자), **不可須臾離也**(불가수유리야), **可離非道也**(가리비도야). **是故君子戒愼乎其所不睹**(시고군자계신호기소불도), **恐懼乎其所不聞**(공구호기소불문).

도는 날마다 쓰이는 사물 간에 마땅히 행해지는 이치이니, 모든 본성의 덕으로서 마음에 갖추어져 있어 사물마다 있지 않은 것이 없고, 어느 때든 그러하지 않음이 없습니다. 그렇기 때문에 잠시도 떠나 있을 수가 없는 겁니다. 만약 도가 떠나버린다면 사물 밖에 있게 되어 도가 아니랍니다. 이 때문에 군자는 마음속에 항상 경외

감을 두어 비록 보이고 들리지 않는 곳에 있어도 감히 소홀히 하지 않는데, 천리(天理)의 본연(本然)을 보존해 잠시라도 도에서 벗어나지 않게 하려는 겁니다.

道者, 日用事物當行之理, 皆性之德而具於心, 無物不有, 無時不然, 所以不可須臾離也. 若其可離, 則爲外物而非道矣. 是以君子之心常存敬畏, 雖不見聞, 亦不敢忽, 所以存天理之本然, 而不使離於須臾之頃也.

1-3 신독(愼獨)을 해야 하는 이유

은밀한 곳보다 더 잘 드러나는 것은 없고, 작은 일보다 더 뚜렷하게 나타나는 것은 없습니다. 그러므로 군자는 그 홀로 있음에도 조심하는 겁니다.

莫見乎隱(막현호은), 莫顯乎微(막현호미), 故君子愼其獨也(고군자신기독야).

견(見)은 현으로 읽으며, 은(隱)은 어두운 곳을 뜻합니다. 미(微)는 자잘한 일이며, 독(獨)이란 사람들이 알지 못한 곳으로 혼자만 아는 곳입니다. 아득하고 어두운 가운데 작은 일은 그 자취가 비록 아직은 형체로 나타나지는 않았지만 그 기미는 이미 (자신의 마음에서) 발동했다는 것을 말한 것으로, 다른 사람들이 비록 알아차리지 못했으나 자신만은 홀로 알고 있으니 천하의 일 중에 이보다 명확하고 뚜렷한 것은 없다는 겁니다. 이 때문에 군자가 항상 미리 경계하고 두려워하면서도 이를 더욱더 조심하는 것은, 인욕(人欲)이 장차 싹트려는 것을 막아 그것이 은미(隱微)한 가운데에 불어나고 자라나 도에서 멀어지지 않도록 하려는 것입니다.

見, 音現. 隱, 暗處也. 微, 細事也. 獨者, 人所不知而己所獨知之地
也. 言幽暗之中, 細微之事, 跡雖未形而幾則已動, 人雖不知而己獨知
之, 則是天下之事無有著見明顯而過於此者. 是以君子旣常戒懼, 而
於此尤加謹焉, 所以遏人欲於將萌, 而不使其滋長於隱微之中, 以至
離道之遠也.

1-4 중(中)과 화(和)의 의미

기쁨·성냄·슬픔·즐거움이 아직 나타나지 않은 것을 일러 중(中)
이라 하고, 나타났어도 모두가 절도(節度)에 맞는 것을 일러 화(和)
라고 합니다. 중(中)이라고 하는 것은 천하의 큰 근본이며, 화(和)라
고 하는 것은 천하에 두루 통하는 도(道)입니다.

喜怒哀樂之未發(희로애락지미발), **謂之中**(위지중), **發而皆中節**(발이
개중절), **謂之和**(위지화). **中也者**(중야자), **天下之大本也**(천하지대본야).
和也者(화야자), **天下之達道也**(천하지달도야).

기쁨·성냄·슬픔·즐거움은 정(情)이며, 그것이 아직 발현되지 않
으면 성(性)입니다. 치우치거나 의지하는 것이 없기 때문에 중(中)
이라 하고, 발현되었지만 모두 절도에 맞는 것은 정(情)의 올바름으
로 어긋남이 없기 때문에 이를 일러 화(和)라고 합니다. 큰 근본은
하늘이 명한 본성이니, 천하의 이치가 모두 이로부터 나오므로 도
의 본체(體)라고 합니다. 천하에 두루 통하는 도는 본성을 따르는
것을 말하는 것으로 천하에서 예나 지금이나 모든 일들이 이로 말
미암았으니 도의 쓰임(用)이 됩니다. 이는 성정(性情)의 덕을 말씀

한 것으로 도에서 떠날 수 없다는 의미를 밝힌 겁니다.

喜·怒·哀·樂, 情也. 其未發, 則性也, 無所偏倚, 故謂之中. 發皆中節, 情之正也, 無所乖戾, 故謂之和. 大本者, 天命之性, 天下之理皆由此出, 道之體也. 達道者, 循性之謂, 天下古今之所共由, 道之用也. 此言性情之德, 以明道不可離之意.

1-5 만물이 길러지는 이유

중(中)과 화(和)를 위해 정성을 다하면 천지가 올바른 자리를 잡고 만물이 길러집니다.

致中和(치중화), 天地位焉(천지위언), 萬物育焉(만물육언).

치(致)는 정성을 다하는 것이며, 위(位)는 그 머무르는 곳이 편안함을 뜻합니다. 육(育)은 그 삶을 성취시키는 것이죠. 경계하고 두려워하는 것으로부터 합치해 지극히 고요한 가운데 조금이라도 치우치거나 의지함이 없이 그것을 지켜 잃지 않는 데에 이르면 그 중(中)을 지극히 하여 천지가 바로 설 수 있습니다. 홀로 있는 것을 정미하게 해 사물에 응하는 것에 조금이라도 차이나 오류도 없이 그렇지 아니함이 없이 적절한 데에 이르게 되면 그 화(和)를 지극히 하여 만물이 길러지게 됩니다. 천지만물은 본디 나와 하나여서 나의 마음이 바르면 천지의 마음이 또한 바르고, 나의 기운이 유순하면 천지의 기운 또한 유순해지는 겁니다. 그러므로 그 효험(效驗)이 이와 같은 데에 이르게 됩니다. 이는 학문의 지극한 공효이며 성인만이 할 수 있는 일이기는 하지만, 처음부터 내 몸 밖에 있는 것이 아니며 도를 닦는 가르침 또한 그 가운데에 있습니다. 하나의 체

(體)와 하나의 용(用)이 비록 움직임과 고요함이라는 차이는 있으나, 반드시 그 본체가 세워진 이후에야 작용이 일어날 수 있으니, 그 실제 또한 두 가지 일이 아닙니다. 그러므로 이를 합해 말하면서 앞글의 의미를 결론내린 겁니다.

致, 推而極之也. 位者, 安其所也. 育者, 遂其生也. 自戒懼而約之, 以至於至靜之中, 無所偏倚, 而其守不失, 則極其中而天地位矣. 自謹獨而精之, 以至於應物之處, 無少差謬, 而無適不然, 則極其和而萬物育矣. 蓋天地萬物本吾一體, 吾之心正, 則天地之心亦正矣, 吾之氣順, 則天地之氣亦順矣. 故其效驗至於如此. 此學問之極功·聖人之能事, 初非有待於外, 而修道之教亦在其中矣. 是其一體一用雖有動靜之殊, 然必其體立而後用有以行, 則其實亦非有兩事也. 故於此合而言之, 以結上文之意.

여기까지가 제1장입니다. 자사(子思)가 전수되어 온 의미를 기술해 이 책을 저작하면서, 가장 먼저 도의 본원(本原)이 하늘에서 나와서 바뀔 수 없다는 점과 그 실체가 각자의 몸에 갖추어져 떠날 수 없다는 점을 밝혔고, 그 다음으로는 존양(存養)과 성찰(省察)의 요지를 말했고, 마지막으로는 성인(聖人)과 신인(神人)의 공력(功力)과 교화(敎化)의 극치를 말했습니다. 이러한 것은 배우려는 사람들이 (구도의 마음을) 자신 내부에서 찾아 스스로 득도(得道)하고, 외부 유혹의 사사로움을 제거해 본연의 선(善)을 확충하려는 데 있습니다. 양 씨(楊時, 정이천의 문인)가 이른바 "『중용』 한 편의 의미를 총결한 요체가 바로 이것"이라고 말했습니다. 다음에 나열할 열 장은 자사께서 공자님의 말을 인용해 이 장의 의미를 종결한 것입니다.

右第一章. 子思述所傳之意以立言. 首明道之本原出於天而不可易, 其實體備於己而不可離, 次言存養省察之要, 終言聖神功化之極. 蓋欲學者於此反求諸身而自得之, 以去夫外誘之私, 而充其本然之善, 楊氏所謂一篇之體要是也. 其下十章, 蓋子思引夫子之言, 以終此章之義.

제2장　　군자는 중용을 따른다

2-1 군자와 소인의 차이

공자께서 말씀하시기를 "군자는 중용을 따르며, 소인은 중용을 거스릅니다.

仲尼曰(중니왈):「君子中庸(군자중용), 小人反中庸(소인반중용).

중용이란 치우치거나 기울지 않고 지나치거나 미치지 못함이 없는 평범하고 떳떳한 이치이니, 이는 곧 하늘이 명령한 당연한 것으로 정교하고 미세함의 극치입니다. 그래서 오직 군자만이 이를 체득할 수 있고, 소인은 이를 거스릅니다.

中庸者, 不偏不倚·無過不及, 而平常之理, 乃天命所當然, 精微之極致也. 惟君子爲能體之, 小人反是.

2-2 군자와 소인의 중용

군자의 중용이란 군자로서 때에 따라 중도에 맞게 하는 것이며,

소인의 중용이란 소인배로서 꺼리거나 조신할 줄을 모르는 것입니다"라고 했습니다.

君子之中庸也(군자지중용야), 君子而時中(군자이시중). 小人之中庸也(소인지중용야), 小人而無忌憚也(소인이무기탄야).」

위나라 왕숙(王肅)의 주해본에는 '小人之反中庸也'로 기록되어 있는데, 정자(程子) 또한 그렇게 여겼으니 여기서도 그것을 따르겠습니다. 군자가 중용을 할 수 있는 이유는 군자의 덕을 갖추었을 뿐만 아니라 때에 따라서 중도로써 처리하기 때문입니다. 소인이 중용을 거스르는 이유는 소인배의 마음을 지녔을 뿐 아니라 꺼리거나 조신할 줄을 모르기 때문입니다. 중도(中道)란 정해진 형체가 없고 때에 따라서 존재하는 것이니, 이것이 곧 평범하고 떳떳한 이치입니다. 군자는 그 이치가 나에게 있음을 알기 때문에 보이지 않는 곳에서도 경계하고 조신하며, 들리지 않는 곳에서도 두려워하고 조심해 어느 때든 중도로 하지 않음이 없습니다. 소인배는 이러한 이치가 있는 것도 모르기에 방자한 욕심과 망령된 행동으로 꺼리거나 조신할 줄을 모르는 겁니다.

王肅本作「小人之反中庸也.」程子亦以爲然. 今從之. 君子之所以爲中庸者, 以其有君子之德, 而又能隨時以處中也. 小人之所以反中庸者, 以其有小人之心, 而又無所忌憚也. 蓋中無定體, 隨時而在, 是乃平常之理也. 君子知其在我, 故能戒謹不睹·恐懼不聞, 而無時不中. 小人不知有此, 則肆欲妄行, 而無所忌憚矣.

이상은 제2장입니다. 이하의 열 장은 모두 중용을 논술해 제1장의 의미를 해석한 겁니다. 문장이 비록 이어지지는 않았으나 그 의미를 살펴보면 실제로는 서로 연결되어 있습니다. '화(和)'를 '용(庸)'으로 바꿔 말한 것은, 유 씨(游酢, 정이천의 문인)의 말을 빌리자면 "성정으로 말하면 중화라 하고, 덕행으로 말하면 중용이라 합니다"라고 했습니다. 그러나 중용(中庸)의 중(中) 자에는 실제적으로는 중화(中和)의 의미가 담겨 있습니다.

右第二章. 此下十章, 皆論中庸以釋首章之義. 文雖不屬, 而意實相承也. 變和言庸者, 游氏曰:「以性情言之, 則曰中和, 以德行言之, 則曰中庸是也.」然中庸之中, 實兼中和之義.

제3장　　　백성들 중에는 드물다

3-1 중용은 지극한 것

공자께서 말씀하시기를 "중용 그것은 참으로 지극한 겁니다. 그러나 백성들 중에 행할 수 있는 자가 드문지 오래되었구나!"라고 했습니다.

子曰(자왈):「中庸其至矣乎(중용기지의호)! 民鮮能久矣(민선능구의)!」

너무 지나치면 중도를 잃어버리고, 미치지 못하면 도달할 수 없기 때문에 오직 중용의 덕만이 지극한 것입니다. 그러나 또한 모든 사람들이 함께 중용의 덕을 부여받았기에 처음에는 어려운 일이 아니었지만, 세상의 가르침이 쇠퇴하자 백성들 사이에도 그 행함이 흥하지 못했기 때문에 이를 행한 자가 드물어진 지 이미 오래되었다는 겁니다. 『논어(論語)』에는 '능(能)' 자가 기록되어 있지 않습니다.

過則失中, 不及則未至, 故惟中庸之德爲至. 然亦人所同得, 初無難事, 但世敎衰, 民不興行, 故鮮能之, 今已久矣. 論語無能字.

이상은 제3장입니다.

右第三章.

제4장　지식인들은 지나치다

4-1 어진 자들은 지나치고

공자께서 말씀하시기를 "도가 행해지지 않는 이유를 나는 알고 있습니다. 지식인들은 지나치고, 어리석은 자들은 미치지 못하기 때문입니다. 도가 밝혀지지 않는 이유 또한 나는 알고 있습니다. 어진 자임을 자처하는 자들은 지나치고, 그렇지 못한 자들은 미치지 못하기 때문입니다.

子曰(자왈):「道之不行也(도지불행야), 我知之矣(아지지의), 知者過之(지자과지), 愚者不及也(우자불급야). 道之不明也(도지불명야), 我知之矣(아지지의), 賢者過之(현자과지), 不肖者不及也(불초자불급야).

도라는 것은 천리(天理)의 당연한 것으로 중도일 뿐입니다. 지식인이나 어리석은 자, 어진 자임을 자처하는 자나 그렇지 못한 자들이 지나치거나 미치지 못함이 있는 것은 태어나면서 받은 근기(根

機)로 인해 그 중도를 잃었기 때문입니다. 지식인들은 지식의 지나침으로 인해 벌써부터 도를 충분히 행할 수 없다고 단정해 버리고, 어리석은 자들은 미치지 못하는 지식으로 인해 중도를 행해야 하는 이유도 알지 못하니, 이러한 것이 도가 항상 행해지지 않는 까닭입니다. 어진 자임을 자처하는 자들은 그 행함의 지나침으로 인해 벌써부터 도를 알 수 없다고 단정해 버리고, 그렇지 못한 자들은 그 도를 행하는 데도 미치지 못하고 또한 그 행해야 될 이유도 알려고 하지 않습니다. 이러한 것이 도가 항상 밝혀지지 못하는 이유입니다.

道者, 天理之當然, 中而已矣. 知愚賢不肖之過不及, 則生稟之異而失其中也. 知者知之過, 旣以道爲不足行; 愚者不及知, 又不知所以行, 此道之所以常不行也. 賢者行之過, 旣以道爲不足知; 不肖者不及行, 又不求所以知, 此道之所以常不明也.

4-2 음식 맛을 아는 이가 드물다

마시고 먹지 않는 사람이 없지만, 그 맛을 아는 자가 드뭅니다"
라고 했습니다.

人莫不飮食也(인막불음식야), **鮮能知味也**(선능지미야).」

도란 사람에게서 떠날 수 있는 것이 아니지만 사람들이 스스로 잘 살피지 않기 때문에 지나치거나 미치지 못하는 폐단이 생기는 겁니다.

道不可離, 人自不察, 是以有過不及之弊.

이상은 제4장입니다.

右第四章.

제5장 도가 행해지지 않는 이유

5-1 공자의 탄식

공자께서 말씀하시기를 "도가 그 때문에 행해지지 못하겠습니다!"라고 했습니다.

子曰(자왈):「道其不行矣夫(도기불행의부)!」

밝혀지지 않았기 때문에 행해지지 않는 겁니다.

由不明, 故不行.

이상은 제5장입니다. 이 장은 앞 장을 이어서 도가 행해지지 않는 실마리를 들어 다음 장의 의미를 일으키고 있습니다.

右第五章. 此章承上章而擧其不行之端, 以起下章之意.

제6장 묻기를 좋아한 순임금

6-1 중도를 활용하다

공자께서 말씀하시기를 "순임금은 큰 지혜를 지닌 분이셨습니다. 순임금은 묻기를 좋아하셨는데 통속적인 말도 잘 살피셨고, 잘

못된 것은 숨겨주시고 좋은 것은 널리 알리셨으며, 그 선악의 양끝을 잡으시고서 백성들에게는 그 중도를 활용하셨으니, 이것이 순임금다운 행위셨습니다"라고 했습니다.

子曰(자왈):「舜其大知也與(순기대지야여)! 舜好問而好察邇言(순호문이호찰이언), 隱惡而揚善(은오이양선), 執其兩端(집기양단), 用其中於民(용기중어민), 其斯以爲舜乎(기사이위순호)!」

순임금이 크게 지혜로운 사람이 될 수 있었던 이유는 그 자신의 지혜만을 활용하지 않고 다른 사람들에게서 널리 취했기 때문입니다. 이언(邇言)은 얕고 비근한 말인데도 반드시 잘 살폈으니, 좋은 일은 빠뜨리지 않았음을 알 수 있습니다. 그러나 그 말이 좋은 내용이 아니면 숨기면서 퍼트리지 않았고, 그것이 좋은 내용이면 전파하며 숨기지 않았죠. 그 넓고 크고 밝은 지혜가 또한 이와 같았으니, 어느 사람인들 즐거이 좋은 것을 말해 주지 않았겠습니까! 선악의 두 실마리는 여러 가지 다양한 의견의 풍부함을 말한 겁니다. 모든 사물에는 선악이라는 두 끝이 있기 마련이니 작거나 크거나 두텁거나 얇은 종류와 같은 것이죠. 좋은 것 중에서도 또한 그 선악의 두 끝을 잡아 그 정도를 헤아려 중도를 취하고 나서야 활용했으니, 그 택하는 데에 심사숙고하고 행하는 데에도 지극정성이었습니다. 그러나 자신에게 오차가 없는 정밀한 저울의 헤아림이 없었다면 어찌 이와 같이 하겠습니까! 이는 지나치거나 미치지 못함이 없는 지혜 때문에 도가 행해지는 겁니다.

舜之所以爲大知者, 以其不自用而取諸人也. 邇言者, 淺近之言, 猶必察焉, 其無遺善可知. 然於其言之未善者則隱而不宣, 其善者則播

而不匿, 其廣大光明又如此, 則人孰不樂告以善哉. 兩端, 謂衆論不同
之極致. 蓋凡物皆有兩端, 如小大厚薄之類, 於善之中又執其兩端, 而
量度以取中, 然後用之, 則其擇之審而行之至矣. 然非在我之權度精
切不差, 何以與此! 此知之所以無過不及, 而道之所以行也.

이상은 제6장입니다.

右第六章.

제7장　　　사람들은 알고 있다고 한다

7-1 중용을 실행하는 어려움

공자께서 말씀하기를 "사람들은 모두 '나는 알고 있다'고 말하지
만, 그물이나 덫과 함정 속으로 몰아넣으면 피할 줄을 모릅니다.
사람들은 모두 '나는 알고 있다'고 말하지만, 중용(中庸)을 가려내어
서 한 달도 지키지 못합니다"라고 했습니다.

子曰(자왈):「人皆曰予知(인개왈여지), 驅而納諸罟擭陷阱之中(구이
납제고획함정지중), 而莫之知辟也(이막지지벽야). 人皆曰予知(인개왈여
지), 擇乎中庸而不能期月守也(택호중용이불능기월수야).」

고(罟)는 그물이며, 획(擭)은 덫이고, 함정(陷阱)은 구덩이를 의미
하니, 모두 날짐승과 들짐승을 속여서 잡는 도구입니다. '택호중용
(擇乎中庸)'은 온갖 이치를 판별해 이른바 중용을 추구하는 것이니,
앞 장에서 말한 "묻기를 좋아하고 중도를 활용하는" 일이죠. '기월

(期月)'은 만 1개월입니다. 화를 알면서도 피할 줄 모르는 것에 비유해 중용을 가려내어서 지키지 못함을 말한 것이니, 이는 모두 지혜롭지 못한 것입니다.

罟, 網也. 擭, 機檻也. 陷阱, 坑坎也. 皆所以掩取禽獸者也. 擇乎中庸, 辨別衆理, 以求所謂中庸, 卽上章好問用中之事也. 期月, 匝一月也. 言知禍而不知辟, 以況能擇而不能守, 皆不得爲知也.

이상은 제7장입니다. 앞 장의 큰 지혜(大知)를 이어 말했고, 도가 밝혀지지 못하는 실마리를 들어서 다음 장을 일으킨 겁니다.

右第七章. 承上章大知而言, 又擧不明之端, 以起下章也.

제8장　　　안회의 사람됨

8-1 가슴 깊이 간직한 것

공자께서 말씀하시기를 "안회(顏回)의 사람 됨됨이는 중용을 가려내어 하나의 선(善)을 얻으면 이를 받들어 쥐고서 가슴 깊이 간직한 채 잃지 않았답니다"라고 했습니다.

子曰(자왈): 「回之爲人也(회지위인야), 擇乎中庸(택호중용), 得一善(득일선), 則拳拳服膺而弗失之矣(즉권권복응이불실지의).」

회(回)는 공자의 제자 안회의 이름이며, 권권(拳拳)은 받들어 쥔 모양입니다. 복(服)은 간직하다는 뜻과 같으며, 응(膺)은 가슴을 뜻합니다. 잘 받들어 쥐고서 마음 깊이 간직하는 것이니, 잘 지킬 수

있음을 말한 겁니다. 안자(顔子, 안회)는 진실로 알았기 때문에 이와
같이 잘 가려내어 잘 지킬 수 있었습니다. 이는 행하는 데 지나치
거나 미치지 못함이 없는 것으로 도가 밝혀지게 된 이유입니다.

回, 孔子弟子顔淵名. 拳拳, 奉持之貌. 服, 猶著也. 膺, 胸也. 奉持而
著之心胸之間, 言能守也. 顔子蓋眞知之, 故能擇能守如此, 此行之所
以無過不及, 而道之所以明也.

이상은 제8장입니다.

右第八章.

제9장　　중용은 어렵다

공자께서 말씀하시기를 "천하 세상과 국가도 균등하게 다스릴
수 있고, 벼슬과 녹봉도 사양할 수 있으며, 번득이는 칼날도 밟을
수 있지만, 중용만은 능히 할 수 없습니다"라고 했습니다.

子曰(자왈):「天下國家可均也(천하국가가균야), 爵祿可辭也(작녹가사
야), 白刃可蹈也(백인가도야), 中庸不可能也(중용불가능야).」

균(均)은 평등하게 다스린다는 의미입니다. 이 세 가지 또한 지
혜와 어짊과 용맹의 일이니, 천하 세상에 지극히 어려운 것입니다.
그러나 그러한 일은 결코 중용에 부합하지 않는다 해도 그 바탕이
비슷한 사람은 모두 힘써 노력해 할 수 있는 일입니다. 만약 중용
에 부합하려 한다면 비록 세 가지의 어려움과 같지는 않겠지만, 의

리(義)가 정밀하고 인(仁)이 성숙해 한 터럭만큼도 인욕(人慾)의 사사로움이 없는 사람이 아니라면 미칠 수가 없습니다. 지혜와 어짊과 용맹이라는 세 가지는 어려우면서도 쉽지만, 중용은 쉬우면서도 어려운 일이니, 이것이 바로 중용을 실행할 수 있는 사람이 적은 이유입니다.

均, 平治也. 三者亦知仁勇之事, 天下之至難也, 然不必其合於中庸, 則質之近似者皆能以力爲之. 若中庸, 則雖不必皆如三者之難, 然非義精仁熟, 而無一毫人欲之私者, 不能及也. 三者難而易, 中庸易而難, 此民之所以鮮能也.

이상은 제9장입니다. 이 또한 앞 장을 이어 아래 장을 일으킨 것입니다.

右第九章. 亦承上章以起下章.

제10장　　자로의 사람됨

10-1 자로의 질문
자로(子路)가 강함에 대해 물었습니다.

子路問强(자로문강).

자로는 공자의 제자 중유(仲由)입니다. 자로는 용맹스러움을 좋아했기 때문에 강함에 대해 물은 겁니다.

子路, 孔子弟子仲由也. 子路好勇, 故問强.

10-2 지역의 강함에 대한 의문

공자께서 말씀하시기를 "남방의 강함이더냐? 북방의 강함을 말하는 것이냐? 아니면 너의 강함을 물은 것이냐?

子曰(자왈): 「南方之强與(남방지강여)? 北方之强與(북방지강여)? 抑而强與(억이강여)?

억(抑)은 반어의 의미를 지닌 어조사이며, 이(而)는 '너'라는 의미입니다.

抑, 語辭. 而, 汝也.

10-3 남방의 강함

너그러움과 부드러움으로써 가르치고, 도리가 없는 사람에게 보복하지 않는 것은 남방의 강함이니, 군자들이 머무는 곳이란다.

寬柔以教(관유이교), 不報無道(불보무도), 南方之强也(남방지강야), 君子居之(군자거지).

너그러움과 부드러움으로써 가르친다는 것은 포용과 유순함으로 다른 사람의 미치지 못한 점을 깨우쳐 주는 것입니다. 도리가 없는 사람에게 보복하지 않는다는 것은 횡포나 억지를 부릴지라도 이를 곧게 받아들이고도 보복하지 않는다는 것을 말한 겁니다. 남방의 풍속이나 기운이 부드럽고 나긋나긋하기 때문에 포용과 인내력이 남보다 뛰어남을 강함으로 여긴 것이니, 군자의 도를 말한 겁니다.

寬柔以教, 謂含容巽順以誨人之不及也. 不報無道, 謂橫逆之來, 直受之而不報也. 南方風氣柔弱, 故以含忍之力勝人爲强, 君子之道也.

10-4 북방의 강함

병장기와 갑옷을 깔고 누워 죽을지라도 싫어하지 않는 것은 북방의 강함이니, 강한 자들이 머무는 곳이지.

袵金革(임금혁), 死而不厭(사이불염), 北方之强也(북방지강야), 而强者居之(이강자거지).

임(袵)은 자리를 뜻하며, 금(金)은 창 등의 병장기이고, 혁(革)은 갑옷이나 투구 등을 뜻합니다. 북방의 풍속이나 기운은 강직하고 굳세기 때문에 과감한 힘으로 다른 사람을 이기는 것을 강함으로 여기니, 강한 자들이 머무는 곳이라 말한 겁니다.

袵, 席也. 金, 戈兵之屬. 革, 甲胄之屬. 北方風氣剛勁, 故以果敢之力勝人爲强, 强者之事也.

10-5 군자의 꿋꿋함

그러므로 군자는 여러 사람과 어울리되 휩쓸리지는 않으니, 강하고도 꿋꿋하구나! 중도를 지켜 한쪽으로 치우치지 않으니, 강하고도 꿋꿋하구나! 나라에 도리가 있을 때에도 어려웠을 때의 지조를 변절하지 않으니, 강하고도 꿋꿋하구나! 또한 나라에 도리가 없을 때는 죽음에 임박해도 지조를 변절하지 않으니, 강하고도 꿋꿋하구나!"라고 했습니다.

故君子和而不流(고군자화이불류), 强哉矯(강재교)! 中立而不倚(중립이불의), 强哉矯(강재교)! 國有道(국유도), 不變塞焉(불변색언), 强哉矯(강재교)! 國無道(국무도), 至死不變(지사불변), 强哉矯(강재교)!」

이 네 가지는 네가 마땅히 힘써야 할 강함이니라. 교(矯)는 강한 모양입니다. 『시경』에 언급된 "호랑이처럼 강하고 강직한 신하"라는 말이 바로 이겁니다. 의(倚)는 한쪽으로 치우침을, 색(塞)은 아직 뜻(벼슬)을 이루지 못함을 의미합니다. '국유도(國有道)'란, 벼슬길에 올랐을 때에는 벼슬길에 오르지 못했을 때 지켜온 지조를 변절하지 않는 것이며, '국무도(國無道)'란, 일생 동안 지켜온 절개를 변절하지 않는 것입니다. 이것은 이른바 "중용은 능히 할 수 없다"는 것으로 인욕의 사사로움을 스스로 이겨내지 못하고서는 중용을 지켜낼 수 없음을 말하는 겁니다. 공자께서 이 말로써 자로에게 일깨워 준 것은 혈기의 강함을 억누르고 덕과 의리의 용맹스러움으로 나아갈 것을 권유한 것입니다.

此四者, 汝之所當强也. 矯, 强貌. 詩曰:「矯矯虎臣」是也. 倚, 偏著也. 塞, 未達也. 國有道, 不變未達之所守; 國無道, 不變平生之所守也. 此則所謂中庸之不可能者, 非有以自勝其人欲之私, 不能擇而守也. 君子之强, 孰大於是. 夫子以是告子路者, 所以抑其血氣之剛, 而進之以德義之勇也.

이상은 제10장입니다.

右第十章.

제11장   은벽함과 괴이한 행동

11-1 나는 하지 않는다

공자께서 말씀하시기를 "은벽(隱僻)한 이치를 탐구하고 괴이한 행동을 하는 사람을 후세에 이야기하는 자가 있겠지만, 나는 그러한 일은 하지 않을 겁니다.

子曰(자왈): 「素隱行怪(소은행괴), 後世有述焉(후세유술언), 吾弗爲之矣(오불위지의).

소(素)는 『한서(書當)』에 따르면 당연히 색(索)으로 쓰여 있으니, 이는 오자입니다. '소은행괴(索隱行怪)'는 은벽한 이치를 탐구하고 지나치게 괴이한 행동을 하는 것을 말합니다. 그러나 이는 스스로의 만족감에 세상을 속이고 명예를 훔치는 것이기 때문에 후세에 간혹 이야기하는 자가 있기는 합니다. 이는 지식이 지나쳐 선한 일을 가려내지 못하고 행위가 지나쳐 그 중도를 활용하지 못하는 것이니, 마땅히 강해서는 안 될 곳에서 강하게 한 자입니다. 성인이 어찌 그러한 일을 하겠습니까!

素, 按漢書當作索, 蓋字之誤也. 索隱行怪, 言深求隱僻之理, 而過爲詭異之行也. 然以其足以欺世而盜名, 故後世或有稱述之者. 此知之過而不擇乎善, 行之過而不用其中, 不當强而强者也. 聖人豈爲之哉!

11-2 군자도 중도에 그만두는데

군자라도 도를 따라 행하다가 중도에서 그만두어버리는데, 나는 그만두지 않을 겁니다.

君子遵道而行(군자준도이행), 半塗而廢(반도이폐), 吾弗能已矣(오불능이의).

도를 따라 행함은 선한 일을 잘 가려낸 것이며, 중도에서 그만두는 것은 그 힘이 부족하기 때문입니다. 이는 그의 지식은 충분히 갖추어져 있지만 행동이 미치지 못한 것이니, 마땅히 강하게 할 일에 강하게 하지 못한 자입니다. 이(己)는 그만두는 것이죠. 성인은 이러한 일에 힘을 써서 감히 중도에서 그만두지 않으려고 하는 것이 아니라, 지극한 정성스러움으로 쉼이 없이 하기 때문에 저절로 그침이 없는 겁니다.

遵道而行, 則能擇乎善矣; 半塗而廢, 則力之不足也. 此其知雖足以及之, 而行有不逮, 當强而不强者也. 已, 止也. 聖人於此, 非勉焉而不敢廢, 蓋至誠無息, 自有所不能止也.

11-3 군자의 중용

군자는 중용에 따라 세속에서 물러나 은둔해 남들이 알아주지 않아도 후회하지 않으니, 이는 오직 성인만이 할 수 있습니다."

君子依乎中庸(군자의호중용), 遯世不見知而不悔(둔세불견지이불회), 唯聖者能之(유성자능지).」

은벽한 이치를 탐구하지 않고 괴이한 일을 행하지 않게 되면 중용을 따르는 겁니다. 중도에서 그만두지 않기 때문에 세속에서 물러나 은둔해 남들이 알아주지 않아도 후회하지 않는다는 것이죠. 이는 중용이 갖춘 덕으로, 지혜(知)가 극진하고 인(仁)이 지극하므로 용맹(勇)에 의거하지 않고서도 여유로운 사람이니, 바로 공자께서만 할 수 있는 일임에도 오히려 스스로 거기에 머물지 않았습니다. 그러므로 오직 성인만이 할 수 있다고 말한 겁니다.

不爲索隱行怪, 則依乎中庸而已. 不能半塗而廢, 是以遯世不見知而不悔也. 此中庸之成德, 知之盡·仁之至·不賴勇而裕如者, 正吾夫子之事, 而猶不自居也. 故曰唯聖者能之而已.

이상은 제11장입니다. 자사가 공자의 말씀을 인용해 제1장의 의미를 밝힌 것이 여기에서 마쳐졌습니다. 이 장의 큰 요지는 지(知)·인(仁)·용(勇)이라는 삼달덕(三達德)으로 도에 들어가는 문을 삼은 겁니다. 그러므로 책의 첫머리에서 순임금과 안연 그리고 자로의 일로 이를 밝힌 것이죠. 순임금은 지(知)로, 안연은 인(仁)으로, 자로는 용(勇)으로 표현했으니, 이 세 가지 가운데 하나라도 없으면 도를 닦아 덕을 이룰 수 없습니다. 나머지는 제20장에 표현되어 있습니다.

右第十一章. 子思所引夫子之言, 以明首章之義者止此. 蓋此篇大旨, 以知仁勇三達德爲入道之門. 故於篇首, 卽以大舜·顏淵·子路之事明之. 舜, 知也; 顏淵, 仁也; 子路, 勇也; 三者廢其一, 則無以造道而成德矣. 余見第二十章.

제12장　　　은미한 도

12-1 군자의 도
군자의 도는 그 쓰임이 넓지만 그 본체는 은미합니다.
君子之道費而隱(군자지도비이은).

비(費)는 쓰임이 넓다는 의미이며, 은(隱)은 그 본체가 은미하다는 뜻입니다.

費, 用之廣也. 隱, 體之微也.

12-2 대소로 본 군자의 도

평범한 부부의 어리석음으로도 알 수 있지만, 그 지극함에 이르러서는 비록 성인(聖人)이라도 알지 못하는 것이 있는 것이죠. 불초(不肖)한 부부라도 행할 수 있지만, 그 지극함에 이르러서는 비록 성인이라도 할 수 없는 일이 있습니다. 천지의 위대함에도 사람들은 오히려 서운한 감정을 지니고 있죠. 그러므로 군자의 도는 큰 것을 말하자면 천하라도 이를 실을 수 없으며, 작은 것을 말하자면 너무 작아 깨뜨릴 수도 없습니다.

夫婦之愚(부부지우), 可以與知焉(가이여지언), 及其至也(급기지야), 雖聖人亦有所不知焉(수성인역유소불지언). 夫婦之不肖(부부지불초), 可以能行焉(가이능행언), 及其至也(급기지야), 雖聖人亦有所不能焉(수성인역유소불능언). 天地之大也(천지지대야), 人猶有所憾(인유유소감). 故君子語大(고군자어대), 天下莫能載焉(천하막능재언). 語小(어소), 天下莫能破焉(천하막능파언).

군자의 도는 가깝게는 부부의 침실부터 멀게는 성인이나 천지로서도 다할 수 없는 것에 이르기까지, 그 큰 것은 밖이 없고 그 작은 것은 안이 없으니, 이를 '비(費)'라고 할 수 있습니다. 그러나 그러한 이치가 그렇게 된 이유는 은미하여 보이지 않기 때문입니다. 알수도 있고 할 수도 있는 것은 도 가운데 한 가지 일일뿐이지만, 그 지극함에 이르러서는 성인이라도 알 수 없고 할 수 없는 일이 있습니다. 즉 전체를 들어서 말하면 성인이라도 진실로 다할 수 없는 일이 있기 마련인 거죠. 후 씨(후중량侯仲良)가 말하기를 "성인이 알지 못하는 것이란, 예를 들자면 공자께서 노자에게 예(禮)를 묻고 담자(郯子)에게 관제(官制)를 물었던 것과 같고, 할 수 없었던 일이란, 예를 들자면 공자께서 벼슬자리를 얻지 못한 것과 요임금과 순임금이 널리 베풀지 못한 것을 안타까워한 것입니다"라고 했습니다. 내(주희)가 생각하건대 사람들이 천지에 서운한 감정을 가진 것은, 예를 들자면 덮어주고 실어주고 낳아주고 성장시켜주는 데에 치우침이 있다고 생각하며, 추위나 더위, 재앙이나 상서로운 일에 올바르게 베풀지 않는다고 여기기 때문입니다.

君子之道, 近自夫婦居室之間, 遠而至於聖人天地之所不能盡, 其大無外, 其小無內, 可謂費矣. 然其理之所以然, 則隱而莫之見也. 蓋可知可能者, 道中之一事, 及其至而聖人不知不能. 則擧全體而言, 聖人固有所不能盡也. 侯氏曰:「聖人所不知, 如孔子問禮問官之類. 所不能, 如孔子不得位·堯舜病博施之類.」愚謂人所憾於天地, 如覆載生成之偏, 及寒暑災祥之不得其正者.

12-3 도의 드러남

『시경』에 이르기를 "솔개는 날아올라 하늘에 이르는데 물고기는 연못에서 뛰어오릅니다"라고 했습니다. 이는 그것(道)이 위아래에서 드러남을 말한 겁니다.

詩云(시운):「鳶飛戾天(연비려천), 魚躍於淵(어약어연).」言其上下察

也(언기상하찰야).

시(詩)는『시경』「대아·한록」편입니다. 연(鳶)은 솔개를, 려(戾)는 이르다는 것을, 찰(察)은 드러냄을 의미합니다. 자사께서는 이 시를 인용해 변화하고 자라남이 두루 유행함을 밝혀 위아래에 밝게 드러나는 것은 이러한 이치가 작용하지 않은 것이 없으니, 이른바 '비(費)'라고 한 겁니다. 그러나 그것이 그렇게 된 이유는 보거나 들어서 알 수 있는 것이 아니니, 이른바 '은(隱)'이라 한 거죠. 그러므로 정자께서 말하기를 "이 한 구절은 자사가 요긴하게 사람을 위한 곳이며 활기차게 생동하는 곳이니, 독자들은 깊이 생각해야 합니다"라고 했습니다.

詩大雅旱麓之篇. 鳶, 鴟類. 戾, 至也. 察, 著也. 子思引此詩以明化育流行, 上下昭著, 莫非此理之用, 所謂費也. 然其所以然者, 則非見聞所及, 所謂隱也. 故程子曰:「此一節, 子思喫緊爲人處, 活潑潑地, 讀者其致思焉.」

12-4 지극한 군자의 도

군자의 도는 부부가 아는 것으로부터 비롯되지만 그 지극한 것에 이르러서는 천지에까지 나타나는 겁니다.

君子之道(군자지도), 造端乎夫婦(조단호부부), 及其至也(급기지야), 察乎天地(찰호천지).

윗글로 끝을 맺었습니다.

結上文.

이상은 제12장입니다. 자사의 말로 첫 장의 "도란 잠시도 떠날 수 없습니다"라는 의미를 펼쳐 밝힌 겁니다. 다음 8개의 장은 공자의 말을 여러 번 인용해 이를 밝힌 겁니다.

　右第十二章. 子思之言, 蓋以申明首章道不可離之意也. 其下八章, 雜引孔子之言以明之.

제13장　　도는 사람에게서 멀리 있지 않다

13-1 가까이 있는 도

공자께서 말씀하시기를 "도란 사람에게서 멀리 있지 않습니다. 사람이 도를 행하되 사람을 멀리하면 도라고 여길 수 없습니다"라고 했습니다.

　子曰(자왈):「道不遠人(도불원인). 人之爲道而遠人(인지위도이원인), 不可以爲道(불가이위도).

　도는 본성을 따를 뿐이니, 진실로 여러 사람이 알 수 있고 행할 수 있는 것이기 때문에 항상 사람에게서 멀리 떨어져 있지 않습니다. 만약 도를 행하는 자가 비천하고 알기 쉬운 것을 싫어해 별 볼일 없다고 생각한 나머지, 도리어 고차원적이라서 행하기도 어려운 일에만 힘쓴다면, 이는 도라고 할 수 없을 겁니다.

　道者, 率性而已, 固衆人之所能知能行者也, 故常不遠於人. 若爲道者, 厭其卑近以爲不足爲, 而反務爲高遠難行之事, 則非所以爲道矣.

13-2 군자의 가르침

『시경』에 이르기를 "도끼자루를 베는구나, 도끼자루를 베는구나, 그 법칙이 멀리 있지 않구나"라고 했습니다. 도끼자루를 잡고서 새로운 도끼자루를 베면서도 눈을 흘겨 바라보며 오히려 그 법칙이 멀리 있다고 생각합니다. 그러므로 군자는 그 사람의 도리로써 그 사람을 다스리다가 고쳐지면 그만두는 겁니다.

詩云(시운):『伐柯伐柯(벌가벌가), 其則不遠(기칙불원).』執柯以伐柯(집가이벌가), 睨而視之(예이시지), 猶以爲遠(유이위원). 故君子以人治人(고군자이인치인), 改而止(개이지).

시(詩)는 『시경』「빈풍·벌가」편입니다. 가(柯)는 도끼자루를, 칙(則)은 법칙을, 예(睨)는 흘겨봄을 의미합니다. 사람이 도끼자루를 잡고서 나무를 베어 새 도끼자루를 만들 때, 저(새로 만들) 도끼자루의 길고 짧은 법칙이 이(쥐고서 베고 있는) 도끼자루에 있을 뿐입니다. 그러나 오히려 저것과 이것의 구별이 있다고 여기기 때문에 도끼자루를 베는 사람은 가까이 있는 것을 보면서도 오히려 멀리 있다고 생각하는 겁니다. 만약 사람으로서 사람을 다스리려 한다면, 사람의 도리가 각자 그 자신의 몸에 있기 때문에 애초부터 저것과 이것의 구별이란 없는 겁니다. 그러므로 군자의 사람 다스림은 곧 그 사람의 도로써 그 사람의 몸을 다스려 돌려놓는 것입니다. 그래서 그 사람이 고쳐지면 곧 그만두고 더 이상 다스리지 않는다고 한 겁니다. 그 사람이 알 수 있고 행할 수 있는 것으로 책임을 지우는 것이지, 그에게 멀리 떨어져 있는 사람의 도를 적용하고자 한 것은 아닙니다. 장자(張子, 장재張載)가 말한 "많은 사람이 바라는 것으로써 그 사람에게 바라면 쉽게 따라서 합니다"라는 것이 바로 이겁니다.

詩豳風伐柯之篇. 柯, 斧柄. 則, 法也. 睨, 邪視也. 言人執柯伐木以
爲柯者, 彼柯長短之法, 在此柯耳. 然猶有彼此之別, 故伐者視之猶以
爲遠也. 若以人治人, 則所以爲人之道, 各在當人之身, 初無彼此之
別. 故君子之治人也, 卽以其人之道, 還治其人之身. 其人能改, 卽止
不治. 蓋責之以其所能知能行, 非欲其遠人以爲道也. 張子所謂「以衆
人望人則易從」是也.

13-3 충서(忠恕)란

충서는 도와 멀리 떨어져 있지 않으니, 자신에게 베풀어지기를
원하지 않거든 또한 남에게도 베풀지 않아야 합니다.

忠恕違道不遠(충서위도불원), **施諸己而不願**(시저기이불원), **亦勿施
於人**(역물시어인).

자신의 마음을 극진히 하는 것을 충(忠)이라 하며, 자신에게 비
추어 보아 남에게도 미치게 하는 것을 서(恕)라 합니다. 위(違)는 거
리를 의미하니, 『춘추전(春秋傳)』에 "제나라의 군사가 곡(穀) 땅과의
거리가 7리 거리에 있습니다"라고 한 위(違) 자와 같은 의미입니다.
이는 여기에서 저기까지의 거리가 서로 멀지 않다는 것이지 배반
하여 가버린다는 뜻으로 말한 것은 아닙니다. 도는 즉 "사람에게서
멀리 있지 않습니다"라는 것이 바로 이겁니다. 자신에게 베풀어지
기를 원하지 않거든 또한 남에게도 베풀지 않아야 한다는 것은, 충
서의 일입니다. 자신의 마음으로써 남의 마음을 헤아려 결코 같지

아니한 마음이 없다면 도가 사람에게서 멀리 있지 않다는 것을 확실히 알 수 있습니다. 그러므로 자신이 하고 싶지 않다면 남에게도 시키지 않는 것 또한, 사람을 멀리하지 않고 도를 행하는 겁니다. 장자가 "자신을 아끼는 마음으로 남도 아끼게 되면 인(仁)을 다한 겁니다"라고 말한 것이 바로 이겁니다.

盡己之心爲忠, 推己及人爲恕. 違, 去也, 如春秋傳「齊師違穀七里」之違. 言自此至彼, 相去不遠, 非背而去之之謂也. 道, 卽其不遠人者是也. 施諸己而不願亦勿施於人, 忠恕之事也. 以己之心度人之心, 未嘗不同, 則道之不遠於人者可見. 故己之所不欲, 則勿以施之於人, 亦不遠人以爲道之事. 張子所謂「以愛己之心愛人則盡仁」是也.

13-4 네 가지 군자의 도

군자의 도는 네 가지가 있는데, 나(공자)는 아직 하나도 잘하지 못했습니다. 아들에게 바라는 것이 있었지만 아버지를 섬기는 것을 아직 잘하지 못했고, 신하에게 바라는 것이 있었지만 임금을 섬기는 것을 아직 잘하지 못했으며, 아우에게 바라는 것이 있었지만 형님을 섬기는 것을 아직 잘하지 못했고, 벗들에게 바라는 것이 있었지만 아직도 먼저 잘 베풀지를 못했습니다. 떳떳한 덕을 행하고, 떳떳한 말을 조신하게 하더라도 부족함이 있으면, 감히 힘쓰지 아니한 게 아니라 아직 힘쓸 힘이 남아 있어 다하지 못한 겁니다. 말을 할 때는 자신의 행동을 돌이켜보고, 행동을 할 때는 자신의 말을 돌이켜본다면, 어찌 군자가 착실하고 조심하지 않겠는가!"라고 했습니다.

君子之道四(군자지도사), 丘未能一焉(구미능일언). 所求乎子(소구호자), 以事父未能也(이사부미능야). 所求乎臣(소구호신), 以事君未能也(이사군미능야). 所求乎弟(소구호제), 以事兄未能也(이사형미능야). 所求乎朋友(소구호붕우), 先施之未能也(선시지미능야). 庸德之行(용덕지행), 庸言之謹(용언지근), 有所不足(유소불족), 不敢不勉(불감불면), 有餘不敢盡(유여불감진). 言顧行(언고행), 行顧言(행고언), 君子胡不慥慥爾(군자호불조조이)!」

구(求)는 責(바라다, 책망하다)와 같은 의미입니다. 도가 사람에게서 멀리 있지 않기에, 자신이 남에게 바라는 것은 모두 도의 당연한 이치입니다. 그러므로 돌이켜 자신을 책망하고(責) 자신을 닦아야 합니다. 용(庸)은 평범하고 떳떳함입니다. 행(行)은 그 진실됨을 밟아가는 것이며, 근(謹)은 그중에 올바른 것을 선택하는 것이죠. 덕이 부족하다 싶어 힘쓰게 되면 더욱 힘써 행하고, 할 말이 남아 있어도 참아내면 조심하는 마음이 더욱 지극할 겁니다. 조심하는 마음이 지극하면 말할 때에도 자신의 행실을 돌이켜보고, 행실에 힘쓰면 행동하면서도 자신의 말을 돌이켜보게 됩니다. 조조(慥慥)는 착실하고 조심하는 모습입니다. "군자의 말과 행동이 이와 같으니, 어찌 착실하고 조심하지 않겠는가"라고 말한 것은 찬미하는 겁니다. 이는 모두 사람을 멀리하지 않고 도를 행하는 일입니다. 장자가 "남을 꾸짖는 마음으로 자신을 문책하면 도를 온전히 행하는 겁니다"라고 한 것이 바로 이겁니다.

求, 猶責也. 道不遠人, 凡己之所以責人者, 皆道之所當然也, 故反之以自責而自修焉. 庸, 平常也. 行者, 踐其實. 謹者, 擇其可. 德不足而勉, 則行益力; 言有餘而訒, 則謹益至. 謹之至則言顧行矣; 行之力 則行顧言矣. 慥慥, 篤實貌. 言君子之言行如此, 豈不慥慥乎, 讚美之 也. 凡此皆不遠人以爲道之事. 張子所謂「以責人之心責己則盡道」是 也.

이상은 제13장입니다. 도가 사람에게서 멀리 있지 않다는 것은 평범한 부부로서도 할 수 있다는 것이며, 나(공자)는 한 가지도 잘 한 것이 없다는 것은 성인으로서도 잘할 수 없다는 것이니, 모두가 비(費)입니다. 그러나 그것이 그렇게 된 이유는 곧 지극히 은미한 것에 있습니다. 다음 장도 이와 같습니다.

右第十三章. 道不遠人者, 夫婦所能, 丘未能一者, 聖人所不能, 皆 費也. 而其所以然者, 則至隱存焉. 下章放此.

제14장　　군자의 바람

14-1 군자의 행함
군자는 자신의 현재 위치에 따라 행할 뿐이지, 자신 밖의 것을 바라지도 않습니다.

君子素其位而行(군자소기위이행), **不願乎其外**(불원호기외).

소(素)는 현재라는 의미입니다. 군자는 현재 처해 있는 자리에서 보고 자신이 마땅히 해야 할 일만 할 뿐이지, 자신을 벗어난 일에 는 마음을 두지 않음을 말하고 있습니다.

素, 猶見(現)在也. 言君子但因見在所居之位而爲其所當爲, 無慕乎
其外之心也.

14-2 현재의 처지에 따라 행함

현재 부유하고 존귀하다면 부유하고 존귀하게 행하고, 현재 가
난하고 천대받는다면 가난하고 천하게 행하며, 현재 오랑캐 땅에
있다면 오랑캐의 풍속대로 행하고, 현재 어려움에 처해 있다면 어
려움에 맞추어 행하니, 군자는 어느 곳을 가든지 스스로 거기에 맞
게 행하지 아니함이 없습니다.

素富貴(소부귀), 行乎富貴(행호부귀). 素貧賤(소빈천), 行乎貧賤(행호
빈천). 素夷狄(소이적), 行乎夷狄(행호이적). 素患難(소환난), 行乎患難
(행호환난). 君子無入而不自得焉(군자무입이불자득언).

이는 자신의 현재 위치에 따라 행함을 말한 겁니다.

此言素其位而行也.

14-3 업신여기지 않는다

윗자리에 있어도 아랫사람을 업신여기지 않고, 아랫자리에 있어
도 윗사람에게 도움을 바라지 않고서, 자기 자신을 바르게 하여 다
른 사람에게 바라지 않으면 원망도 없을 겁니다. 그래서 위로는 하
늘을 원망하지 않고 아래로는 사람을 탓하지 않는 겁니다.

在上位不陵下(재상위불릉하), 在下位不援上(재하위불원상), 正己而
不求於人則無怨(정기이불구어인즉무원). 上不怨天(상불원천), 下不尤人
(하불우인).

이는 자신 밖의 것은 원하지 않는다는 것을 말한 겁니다.

此言不願乎其外也.

14-4 군자와 소인의 삶

그러므로 군자는 평이하게 살면서 천명(天命)을 따르고, 소인은 위태롭게 살면서 행운만을 바라는 겁니다.

故君子居易以俟命(고군자거이이사명), **小人行險以徽幸**(소인행험이요행).

이(易)는 평탄한 곳을, 거이(居易)는 현재의 위치에 따라 행한다는 의미입니다. 사명(俟命)은 자신 밖의 것을 원하지 않음을, 요(徽)는 구한다는 뜻입니다. 행(幸)은 마땅히 얻어서는 안 될 것을 얻음을 이른 겁니다.

易, 平地也. 居易, 素位而行也. 俟命, 不願乎外也. 徽, 求也. 幸, 謂所不當得而得者.

14-5 군자의 도는 활쏘기

공자께서 말씀하기를 "활쏘기는 군자의 도와 비슷합니다. 과녁을 맞히지 못하면 돌이켜 자신에게서 그 원인을 찾기 때문입니다"라고 했습니다.

子曰(자왈):「**射有似乎君子**(사유사호군자). **失諸正鵠**(실제정곡), **反求諸其身**(반구제기신).」

베에 그린 과녁은 정(正)이며, 가죽으로 만든 과녁은 곡(鵠)이라 하는데, 모두 과녁의 중앙부위로서 활쏘기의 표적입니다. 자사께서는 공자님의 말씀을 인용해 윗글의 의미를 결론지었습니다.

畫布曰正, 棲皮曰鵠, 皆侯之中, 射之的也. 子思引此孔子之言, 以
結上文之意.

이상은 제14장입니다. 자사의 말로, 대개 각 장의 첫머리에 '자왈
(子曰)'이라는 어구가 없는 것은 이와 같습니다. (이는 모두가 자사의
말입니다.)

右第十四章. 子思之言也. 凡章首無「子曰」字者放此.

제15장　　　군자의 도를 비유하자면

15-1 군자의 도는 비유하자면

군자의 도는 비유하자면 먼 길을 가기 위해서는 반드시 가까운
곳에서부터 출발해야 하고, 높은 곳을 오르려면 반드시 낮은 곳으
로부터 시작해야 하는 것과 같습니다.

君子之道(군자지도), 辟如行遠必自邇(벽여행원필자이), 辟如登高必
自卑(벽여등고필자비).

벽(辟)은 비유할 비(譬)와 같습니다.

辟, 譬同.

15-2 화목과 즐거움

『시경』에 이르기를 "아내와 자식과 어울리는 것이 비파와 거문고

를 타는 듯하며, 형과 아우가 벌써부터 우애하고 화합하여 즐겁고
또한 즐깁니다. 그대의 집안이 화목하고, 그대의 아내와 아이들이
즐거워합니다"라고 했습니다.

詩曰(시왈): 「妻子好合(처자호합), 如鼓瑟琴(여고슬금). 兄弟旣翕(형
제기흡), 和樂且耽(화낙차탐). 宜爾室家(의이실가), 樂爾妻帑(낙이처탕).」

시(詩)는 『시경』 「소아·상체」편입니다. 비파와 거문고를 타는 것
은 조화로움이며, 흡(翕)은 화합을 뜻하고, 탐(耽)은 즐거움을 의미
하며, 노(帑)는 자손을 뜻합니다.

詩小雅常棣之篇. 鼓瑟琴, 和也. 翕, 亦合也. 耽, 亦樂也. 帑, 子
孫也.

15-3 부모의 마음

공자께서 (위의 시를 읊고서) 말씀하기를 "부모의 마음이 편안하실
겁니다"라고 했습니다.

子曰(자왈): 「父母其順矣乎(부모기순의호)!」

공자께서 위의 시를 읊고서 찬미해 말씀하기를 "사람들이 아내
와 자식과 더불어 화합하고, 형과 아우의 사이가 이처럼 좋으면 부
모는 그 마음이 편안하고 즐거우실 겁니다"라고 했습니다. 자사께
서는 시와 공자의 말씀을 인용해 먼 곳을 가려면 가까운 곳에서 출
발해야 하며, 높은 곳을 오르려면 낮은 곳에서부터 시작해야 한다
는 의미를 밝힌 겁니다.

夫子誦此詩而贊之曰, 人能和於妻子, 宜於兄弟如此, 則父母其安
樂之矣. 子思引詩及此語, 以明行遠自邇·登高自卑之意.

이상은 제15장입니다.

右第十五章.

제16장　　　귀신의 덕

16–1 성대한 귀신의 덕

공자께서 말씀하기를 "귀신의 덕스러움, 그것은 성대한 것입니다!

子曰(자왈):「鬼神之爲德(귀신지위덕), 其盛矣乎(기성의호)!

정자께서 말씀하기를 "귀신이란 천지의 공용(功用, 공을 들인 보람)으로서 조화의 발자취입니다"라고 했습니다. 장자(장재)께서 말씀하기를 "귀신이란 음양 두 기운의 양능(良能, 타고난 재능)입니다"라고 했습니다. 나(주희)의 생각으로는 '음양 두 기운으로 말하면 귀(鬼)는 음(陰)의 신령이며 신(神)은 양(陽)의 신령입니다. 한 기운으로써 말하면 이르러 펼쳐나가는 것은 신(神)이며, 반대로 되돌아가는 것은 귀(鬼)이지만 그 실체는 하나일 뿐'입니다. 위덕(爲德)이란 성정(性情)과 공효(功效, 공용功用)라는 말과 같습니다.

程子曰:「鬼神, 天地之功用, 而造化之跡也. 張子曰:「鬼神者, 二氣之良能也.」 愚謂以二氣言, 則鬼者陰之靈也, 神者陽之靈也. 以一氣言, 則至而伸者爲神, 反而歸者爲鬼, 其實一物而已. 爲德, 猶言性情功效.

16-2 만물의 본체

보려고 해도 보이지 않으며, 들으려 해도 들리지 않지만, 만물의 본체이니 빠뜨릴 수 없습니다.

視之而弗見(시지이불견), 聽之而弗聞(청지이불문), 體物而不可遺(체물이불가유).

귀신은 형체와 소리가 없으나 만물의 끝과 시작에는 음양 두 기운의 화합과 해산으로 행해지지 않는 것이 없으니, 이것이 만물의 본체가 되어 모든 사물이 빠뜨리지 않고 가지고 있다는 것입니다. 그 만물의 본체라 말한 것은 『주역』「건괘·문언전」에서 말한 "모든 일의 근간이 된다"와 같은 의미입니다.

鬼神無形與聲, 然物之終始, 莫非陰陽合散之所爲, 是其爲物之體, 而物之所不能遺也. 其言體物, 猶易所謂幹事.

16-3 의복을 갖추고서 하는 일

천하의 사람들로 하여금 마음을 밝고 맑게 하고서 의복을 잘 갖추어 조상에 대한 제사를 계승하게 하니, (본체를 이루는 기운이) 넘실넘실 충만하게 그 위에 있는 듯하고, 그 좌우에 있는 듯합니다.

使天下之人齊明盛服(사천하지인제명성복), 以承祭祀(이승제사). 洋洋乎(양양호)! 如在其上(여재기상), 如在其左右(여재기좌우).

제(齊)라는 말은 마음을 가지런히 하는 것이니, 가지런하지 않은 마음을 가지런하게 하여 그 가지런히 하기를 다하는 것입니다. 명(明)은 맑게 한다는 의미이며, 양양(洋洋)은 흐르는 움직임이 충만하다는 뜻입니다. 사람들로 하여금 두려워하고 공경히 받들어 계승토록 하여 이와 같이 뚜렷하게 발현되도록 하니, 이것이 곧 만물의 본체가 되어 빠뜨려질 수 없다고 한 징험(徵驗)입니다. 공자께서 말씀하기를 "그 기운이 위로 피어올라 밝게 빛나고 아련하기도 하면서 싸늘하기도 하니, 이는 만물의 정(精)이며 신(神)이 발현함입니다"라고 했는데, 바로 이를 말한 겁니다.

齊之爲言齊也, 所以齊不齊而致其齊也. 明, 猶潔也. 洋洋, 流動充滿之意. 能使人畏敬奉承, 而發見昭著如此, 乃其體物而不可遺之驗也. 孔子曰:「其氣發揚於上, 爲昭明焄蒿悽愴. 此百物之精也, 神之著也.」正謂此爾.

16–4 신의 강림

『시경』에 이르기를 "신(神)이 강림하심을 헤아릴 수도 없는데, 하물며 싫어할 수 있겠습니까!"라고 했습니다.

詩曰(시왈):『神之格思(신지격사), 不可度思(불가도사)! 矧可射思(신가사사)!』

시(詩)는 『시경』「대아·억」편입니다. 격(格)은 내려오는 것이며, 신(矧)은 '하물며'라는 의미입니다. 사(射)는 싫어함을 의미하니, 싫어하고 게을러서 공경하지 아니함을 말합니다. 사(思)는 어조사입니다.

詩大雅抑之篇. 格, 來也. 矧, 況也. 射, 厭也, 言厭怠而不敬也. 思, 語辭.

16–5 은미함도 드러나는 것

은미함이 뚜렷하게 나타나니, 진실함을 가릴 수 없음이 이와 같은 겁니다"라고 했습니다.

夫微之顯(부미지현), **誠之不可揜如此夫**(성지불가엄여차부).」

성(誠)이란 진실하여 망령됨이 없음을 말한 겁니다. 음양의 화합과 해산은 실재하지 아니한 것이 없습니다. 그러므로 그 발현됨을 가릴 수 없음이 이와 같은 것이죠.

誠者, 眞實無妄之謂. 陰陽合散, 無非實者. 故其發見之不可揜如此.

이상은 제16장입니다. 보이지도 않고 들리지도 않는 것은 '은(隱)'이며, 만물의 본체가 위 혹은 좌우에 있는 듯하다고 한 것은 '비(費)'입니다. 이 앞의 3장(제13~15장)은 '비(費)'의 작은 점을 말했고, 다음의 3장(제17~19장)은 '비(費)'의 큰 점을 말했습니다. 이 장(제16장)에서는 '비(費)'와 '은(隱)'의 크고 작은 점을 포함해 말했습니다.

右第十六章. 不見不聞, 隱也. 體物如在, 則亦費矣. 此前三章, 以其費之小者而言. 此後三章, 以其費之大者而言. 此一章, 兼費隱·包大小而言.

제17장　　효자인 순임금

17-1 효자 순임금

공자께서 말씀하기를 "순임금은 큰 효자이셨습니다. 덕을 갖추어 성인이 되셨고, 존경을 받아 천자가 되셨으며, 부유하기로는 천하를 소유하셨습니다. 그래서 종묘에서는 그에게 제사를 지냈고, 자손들이 이를 보존했습니다.

子曰(자왈): 「舜其大孝也與(순기대효야여)! 德爲聖人(덕위성인), 尊爲天子(존위천자), 富有四海之內(부유사해지내). 宗廟饗之(종묘향지), 子孫保之(자손보지).

자손이란, 우사와 진호공 등을 말합니다.

子孫, 謂虞思·陳胡公之屬.

17-2 큰 덕을 갖추면

그러므로 큰 덕을 갖추면 반드시 그만한 지위를 얻고, 반드시 그만한 녹봉을 받으며, 반드시 그만한 명예를 얻고, 반드시 장수하게 됩니다.

故大德必得其位(고대덕필득기위), 必得其祿(필득기록), 必得其名(필득기명), 必得其壽(필득기수).

순임금은 110세까지 장수했습니다.

舜年百有十歲.

17-3 하늘이 만물을 내실 때

그러므로 하늘이 만물을 내실 때는 반드시 그 재질에 따라 덕으로써 감싸는 것입니다. 때문에 잘 심어져 있는 것은 북돋아주고, 삐딱하게 심어져 있는 것은 뒤엎어버리는 것이랍니다.

故天之生物(고천지생물), 必因其材而篤焉(필인기재이독언). 故栽者培之(고재자배지), 傾者覆之(경자복지).

재(材)는 재질이며, 독(篤)은 감싸준다는 뜻이고, 재(栽)는 나무를 잘 심는다는 의미입니다. 기운이 넘쳐나게 보태주는 것은 배(培)이고, 기운이 떨어져 흩어지는 것은 복(覆)이라 합니다.

材, 質也. 篤, 厚也. 栽, 植也. 氣至而滋息爲培, 氣反而游散則覆.

17-4 풍류를 즐기는 군자

『시경』에 이르기를 "훌륭하고 풍류를 즐기는 군자여, 밝게 빛나는 위대한 덕을 지니셨구나! 백성과 관리들을 잘 다스리니 하늘로부터 복록(福祿)을 받고, 하늘은 그를 보호하고 도와 천자로 명하니 하늘로부터 거듭하여 받는구나"라고 했습니다.

詩曰(시왈):『嘉樂君子(가악군자), 憲憲令德(헌헌령덕)! 宜民宜人(의민의인). 受祿於天(수록어천). 保佑命之(보우명지), 自天申之(자천신지)!』

시(詩)는 『시경』 「대아·가락」편입니다. 『시경』에 쓰인 가(假) 자는 『중용』을 따라서 가(嘉)로 썼습니다. 헌(憲) 자는 『시경』에 따라 현(顯)으로 써야 합니다. 신(申)은 거듭하다는 의미랍니다.

詩大雅假樂之篇. 假, 當依此作嘉. 憲, 當依詩作顯. 申, 重也.

17-5 천명을 받는 사람

그러므로 큰 덕을 갖춘 자는 반드시 천명을 받게 됩니다"라고 했습니다.

故大德者必受命(고대덕자필수명).」

수명(受命)이란 천명을 받아 천자(天子)가 되는 것을 말한 겁니다.

受命者, 受天命爲天子也.

이상은 제17장입니다. 이는 떳떳한 행동(庸行)의 떳떳함으로 말미암아 그 지극함을 다해 도의 쓰임(用)이 광대함을 드러내고자 한 것입니다. 그러나 도가 그렇게 된 이유는 도의 본체가 은미하기 때문이죠. 다음 두 장(제18~19장) 또한 이러한 의미로 서술하고 있습니다.

右第十七章. 此由庸行之常, 推之以極其至, 見道之用廣也. 而其所以然者, 則爲體微矣. 後二章亦此意.

제18장　　　문왕의 성품

18-1 걱정이 없는 문왕

공자께서 말씀하시기를 "근심이 없는 분은 오로지 문왕뿐이구나! 왕계(王季)가 아버지셨고, 무왕을 아들로 두었으니, 아버지가 처음 왕업을 일으켰고 아들 무왕이 뒤이어 계승했기 때문입니다.

子曰(자왈):「無憂者其惟文王乎(무우자기유문왕호)! 以王季爲父(이왕계위부), 以武王爲子(이무왕위자), 父作之(부작지), 子述之(자술지).

이는 문왕의 일을 말한 겁니다. 『서경』「무성(武成)」편에 "왕계는 왕가를 이루려고 부지런했습니다"라고 기록되어 있으니, 그가 왕업을 일으킨 것 또한 공로를 쌓고 인정(仁政)을 쌓은 일이었다고 말한 겁니다.

此言文王之事. 書言「王季其勤王家」, 蓋其所作, 亦積功累仁之事也.

18-2 무왕의 계승

무왕이 대왕과 왕계, 문왕이 일으킨 업적을 계승해, 한 번 갑옷을 입고서 천하를 평정했으나, 천하에 빛나는 명예를 잃지 않고서 존귀함으로는 천자가 되었고 부유함으로는 천하를 소유했습니다. 그리고 종묘에서는 선대의 제사를 받들었고 자손들은 이를 보존했습니다.

武王纘大王(무왕찬대왕)·王季(왕계)·文王之緒(문왕지서), 壹戎衣而有天下(일융의이유천하), 身不失天下之顯名(신부실천하지현명), 尊爲天子(존위천자), 富有四海之內(부유사해지내), 宗廟饗之(종묘향지), 子孫保之(자손보지).

이는 무왕의 일을 말한 겁니다. 찬(纘)은 계승하다는 뜻이며, 대왕(大王)은 왕계의 아버지를 말한 겁니다. 『서경』「무성(武成)」편에는 "대왕이 처음 왕업의 기초를 닦았습니다"라고 했고, 『시경』「노송(魯頌)·비궁(閟宮)」편에는 "대왕에 이르러 실제적으로 처음 상나라를 공격했습니다"라고 적고 있습니다. 서(緒)는 업적을 말하며, 융의(戎衣)는 갑옷과 투구 등을 뜻합니다. '일융의(壹戎衣)'는 『서경』「무성(武成)」편의 글이니, 한 차례 갑옷과 투구를 입고서 주나라를 정벌한 것을 말한 겁니다.

此言武王之事. 纘, 繼也. 大王, 王季之父也. 書云「大王肇基王跡.」詩云「至於大王, 實始翦商.」緒, 業也. 戎衣, 甲冑之屬. 壹戎衣, 武成文, 言一著戎衣以伐紂也.

18-3 무왕때의 제사

무왕이 말년에 이르러서야 천명을 받자, 주공이 문왕과 무왕의 덕을 이루어 대왕과 왕계를 왕으로 받들고, 위로는 선조의 제사를 천자의 예로써 받들었습니다. 이러한 예법은 제후와 대부, 선비와 서민에게까지도 통용되었습니다. 아버지가 대부이고 아들이 선비면, 장례는 대부의 예로 하고 제사는 선비의 예로 지냈습니다. 아버지가 선비이고 아들이 대부이면, 장례는 선비의 예로 하고 제사는 대부의 예로 지냈죠. 일년(期年)상은 대부에게까지 통용되었고, 삼년상은 천자에게까지 통용되었으니, 부모의 상례는 귀천에 관계없이 모두 같습니다"라고 했습니다.

武王末受命(무왕말수명), 周公成文武之德(주공성문무지덕), 追王大王(추왕대왕)·王季(왕계), 上祀先公以天子之禮(상사선공이천자지례). 斯禮也(사례야), 達乎諸侯大夫(달호제후대부), 及士庶人(급사서인). 父爲大夫(부위대부), 子爲士(자위사). 葬以大夫(장이대부), 祭以士(제이사). 父爲士(부위사), 子爲大夫(자위대부). 葬以士(장이사), 祭以大夫(제이대부). 期之喪達乎大夫(기지상달호대부), 三年之喪達乎天子(삼년지상달호천자), 父母之喪無貴賤一也(부모지상무귀천일야).」

이는 주공의 업적을 말한 겁니다. 말(末)은 노년과 같은 뜻이며, '추왕(追王)'이란 문왕과 무왕의 뜻을 받들어 처음 왕업을 일으킨 사람에까지 적용함을 말합니다. '선공(先公)'이란 조감(組紺, 대왕의 아버지)으로부터 후직(後稷, 주나라의 시조)까지를 말한 겁니다. 위로 선조의 제사를 천자의 예법으로써 행하는 것 또한 대왕과 왕계의 뜻을 받들어 무궁한 선대에게까지 소급하는 것입니다. 예법을 제

정해 천하에 시행케 하되, 장례는 죽은 자의 벼슬로 하고, 제사는 살아 지내는 자의 녹(벼슬)에 따랐습니다. 상복은 1년 이하일 경우(백부와 숙부나 형제의 상) 제후는 입지 않고 대부는 그 기간을 줄였지만, 부모의 상일 경우에는 상하 귀천에 관계없이 모두 같게 입었던 것은 자신의 마음을 미루어 남에게까지 적용하려 했기 때문입니다.

此言周公之事. 末, 猶老也. 追王, 蓋推文武之意, 以及乎王跡之所起也. 先公, 組紺以上至後稷也. 上祀先公以天子之禮, 又推大王·王季之意, 以及於無窮也. 制爲禮法, 以及天下, 使葬用死者之爵, 祭用生者之祿. 喪服自期以下, 諸侯絶; 大夫降; 而父母之喪, 上下同之, 推己以及人也.

이상은 제18장입니다.

右第十八章.

제19장　　　무왕과 주공

19-1 조상을 계승

공자께서 말씀하시기를 "무왕과 주공은 어디에서나 두루 통용되는 효를 실천했을 겁니다.

子曰(자왈):「武王(무왕)·周公(주공), 其達孝矣乎(기달효의호)!

달(達)은 두루 통하다는 뜻입니다. 앞 장을 이어서 무왕과 주공의 효는 곧 천하 사람들이 모두가 일컫는 효자임을 말하는 것이죠,

『맹자』「공순추(公孫丑) 하(下)」에서 말한 '달존(達尊)'과 같습니다.

達, 通也. 承上章而言武王·周公之孝, 乃天下之人通謂之孝, 猶孟子之言達尊也.

19-2 효의 의미

효라는 것은 선인(先人, 조상)의 뜻을 잘 계승하고, 조상의 일을 잘 이어받는 것입니다.

夫孝者善繼人之志(부효자선계인지지), 善述人之事者也(선술인지사자야).

앞 장에서는 무왕이 대왕·왕계·문왕의 유지를 이어서 천하를 소유하고, 주공이 문왕과 무왕의 덕을 이루어 그 선조를 천자의 예로 받들었던 일을 말했으니, 이는 선조의 뜻을 잘 계승하고 일을 따른 것이 큰일임을 나타낸 것입니다. 다음 글 또한 주공이 제정한 제사의 예법이 위아래에 두루 통용됨을 말하고 있습니다.

上章言武王纘大王·王季·文王之緒以有天下, 而周公成文武之德以追崇其先祖, 此繼志述事之大者也. 下文又以其所制祭祀之禮, 通於上下者言之.

19-3 봄가을의 제례

봄가을에는 선조의 위패(位牌)를 모신 사당을 수리하고, 선조 때부터 종묘의 제례에 쓰였던 기물을 진열하며, 선조들의 유물인 의복을 진설(陳設)하고, 제철의 음식을 올리는 것입니다.

春秋修其祖廟(춘추수기조묘), 陳其宗器(진기종기), 設其裳衣(설기상의), **薦其時食**(천기시식).

조상의 사당은, 천자는 7묘(廟), 제후는 5(묘), 대부는 3(묘), 적자인 선비(適士)는 2묘, 관직의 수장인 관사(官師)는 1묘입니다. 종기(宗器)는 선조 때부터 소장했던 귀중한 기물인데, 주나라의 적도(赤刀)·대훈(大訓)·천구(天球)·하도(河圖)와 같은 것들입니다. 상의(裳衣)는 선조가 남긴 의복으로 제사지낼 때 이를 시동에게 주어 진설하게 하는 겁니다. 시식(時食)은 사계절의 음식으로 계절에 따라 각각 알맞은 것이 있으니, 봄에는 양과 돼지고기, 반찬이나 기름진 것과 향 등의 종류입니다.

祖廟, 天子七, 諸侯五, 大夫三, 適士二, 官師一. 宗器, 先世所藏之重器; 若周之赤刀·大訓·天球·河圖之屬也. 裳衣, 先祖之遺衣服, 祭則設之以授屍也. 時食, 四時之食, 各有其物, 如春行羔·豚·膳·膏·香之類是也.

19-4 종묘의 예법

종묘의 예법은 소목(昭穆, 조상의 신주를 모시는 순서)의 차례를 정하고자 함이며, 관작(官爵, 관직과 직위)의 차례를 정하는 것은 귀천을 구별하고자 하는 것이고, 일의 순서를 정하는 것은 어진 이를 구별하고자 하는 것이며, 아랫사람이 윗사람에게 술잔을 권하는 것은 신분이 낮은 사람에게까지 이르게 하고자 하는 것이고, 잔치에서 머리카락의 색깔대로 차례를 정하는 것은 나이로써 서열을 구분하고자 하는 것입니다.

宗廟之禮(종묘지례), 所以序昭穆也(소이서소목야). 序爵(서작), 所以

辨貴賤也(소이변귀천야). **序事**(서사), **所以辨賢也**(소이변현야). **旅酬下爲上**(여수하위상), **所以逮賤也**(소이체천야). **燕毛**(연모), **所以序齒也**(소이서치야).

종묘의 차례는 왼편은 소(昭), 오른편은 목(穆)이 되는데, 자손들 또한 이로써 차례를 정합니다. 태묘(太廟, 종묘의 정전)에서 제사를 지낼 때에는 자손과 형제의 여러 소목이 모두 참석하되 그 윤리를 잃지 않아야 합니다. 작(爵)은 공작과 후작, 경과 대부입니다. 사(事)는 종축과 유사가 맡는 일입니다. 여(旅)는 여러 사람을, 수(酬)는 술을 마시도록 권한다는 뜻입니다. 여러 사람이 술잔을 권하는 예법은 손님의 자식과 형제의 자식들이 각기 어른들에게 술잔을 올려 여러 사람이 서로 술잔을 주고받는 것입니다. 종묘에서 일하는 것을 명예로 여기기 때문에 낮은 사람에게까지 일하게 하는 것은 그 공경하는 마음을 펼치기 위해서입니다. 연모(燕毛)는 제사를 마친 뒤 잔치를 베풀 때에는 머리카락의 색깔로써 어른과 아이를 구별해 앉는 차례를 정하기 위해서입니다. 치(齒)는 나이를 말한 겁니다.

宗廟之次, 左爲昭, 右爲穆, 而子孫亦以爲序. 有事於太廟, 則子姓·兄弟·群昭·群穆咸在而不失其倫焉. 爵, 公·侯·卿·大夫也. 事, 宗祝有司之職事也. 旅, 衆也. 酬, 導飮也. 旅酬之禮, 賓弟子·兄弟之子各擧觶於其長而衆相酬. 蓋宗廟之中以有事爲榮, 故逮及賤者, 使亦得以申其敬也. 燕毛, 祭畢而燕, 則以毛髮之色別長幼, 爲坐次也. 齒, 年數也.

19-5 효의 지극함

선왕의 자리를 밟으면서 그 예법을 행하고, 그 음악을 연주하며 선왕이 존경하던 사람을 공경하고, 선왕이 가까이하던 사람을 경애하며, 죽은 사람을 산 사람처럼 섬기고, 오래전에 죽은 사람도 살아 있는 것처럼 섬기는 것이 효(孝)의 지극함입니다.

踐其位(천기위), 行其禮(행기례), 奏其樂(주기악), 敬其所尊(경기소존), 愛其所親(애기소친), 事死如事生(사사여사생), 事亡如事存(사망여사존), 孝之至也(효지지야).

천(踐)은 밟는다는 뜻이며, 기(其)는 선왕을 가리킨 겁니다. 존경하고 친애한 이들은 선왕의 선조와 자손 그리고 신하와 백성들입니다. 처음 죽었을 때(장례를 치르기 전)를 사(死)라 하고, 이미 장례를 치른 뒤에는 되돌아가 없는 것이니, 모두 선왕을 지칭한 것이랍니다. 이는 윗글의 두 절을 결론한 것이니, 모두 선조의 뜻을 계승하고 일을 따른다는 의미입니다.

踐, 猶履也. 其, 指先王也. 所尊所親, 先王之祖考·子孫·臣庶也. 始死謂之死, 卽葬則曰反而亡焉, 皆指先王也. 此結上文兩節, 皆繼志述事之意也.

19-6 교(郊)와 사(社)의 제례

교(郊)와 사(社)의 제례는 상제(上帝)를 섬기고자 하는 것이며, 종묘의 제례는 그 선조에게 제사를 올리는 것입니다. 교사(郊社)의 예와 체상(禘嘗)의 의미를 밝게 알면 나라를 다스리는 것은 손바닥을 들여다보는 것처럼 쉬운 일입니다.”

郊社之禮(교사지례), 所以事上帝也(소이사상제야), 宗廟之禮(종묘지례), 所以祀乎其先也(소이사호기선야). 明乎郊社之禮(명호교사지례)·禘嘗之義(체상지의), 治國其如示諸掌乎(치국기여시제장호).」

교(郊)는 하늘에 올리는 제사이며, 사(社)는 땅에 올리는 제사입니다. 여기서 후토(后土)를 말하지 않은 것은 글을 생략한 겁니다. 체(禘)는 천자의 종묘에서 올리는 큰 제사로 태조를 낳아준 선조를 태묘에 추숭(追崇)해 제사를 올리되 태조를 함께 배향해 지내는 겁니다. 상(嘗)은 가을 제사입니다. 사계절마다 모두 제사를 올리는데 그 하나만을 거론한 겁니다. 예(禮)에는 반드시 의미가 있으니, 상대적인 한쪽만을 말한 것은 호문법(互文法, 양쪽 중 어느 한편만을 거론하고 다른 한편은 생략하는 어법)입니다. 시(示)는 시(視) 자와 같은 의미입니다. 손바닥을 들여다보듯 한다는 것은 쉽게 볼 수 있음을 말한 겁니다. 이는 『논어』의 내용과 크게는 같지만 조금씩 다른데, 기록상의 상세함과 간략함 때문입니다.

郊, 祀天. 社, 祭地. 不言后土者, 省文也. 禘, 天子宗廟之大祭, 追祭太祖之所自出於太廟, 而以太祖配之也. 嘗, 秋祭也. 四時皆祭, 舉其一耳. 禮必有義, 對舉之, 互文也. 示, 與視同. 視諸掌, 言易見也. 此與論語文意大同小異, 記有詳略耳.

이상은 제19장입니다.

右第十九章.

제20장   정사(政事)에 관한 것

20-1 애공이 물은 것

애공(哀公)이 정치에 대해 물었습니다.

哀公問政(애공문정).

애공은 노나라의 군왕으로 이름은 장(蔣)입니다.

哀公, 魯君, 名蔣.

20-2 공자의 말씀

공자께서 말씀하기를 "문왕과 무왕의 정치는 목판과 대쪽에 기록되어 있습니다. 두 왕과 같은 사람이 있으면 그 같은 정치가 거행될 것이고, 그와 같은 사람이 없으면 그 같은 정치는 펼쳐지지 않습니다.

子曰(자왈):「**文武之政**(문무지정), **布在方策**(포재방책). **其人存**(기인존), **則其政擧**(즉기정거). **其人亡**(기인망), **則其政息**(즉기정식).

방(方)은 목판이며 책(策)은 대쪽입니다. 식(息)은 멸(滅)과 같은 뜻입니다. 올바른 군주와 신하가 있으면 올바른 정치가 펼쳐진답니다.

方, 版也. 策, 簡也. 息, 猶滅也. 有是君, 有是臣, 則有是政矣.

20-3 사람과 땅의 도

사람의 도는 정치에 민감하게 나타나고, 땅의 도는 나무의 성장에 빠르게 나타나니, 정치란 것은 쉽게 잘 자라는 부들과 갈대와 같습니다.

人道敏政(인도민정), **地道敏樹**(지도민수), **夫政也者**(부정야자), **蒲盧 也**(포로야).

민(敏)은 빠르다는 뜻이며, 포로(蒲盧)는 심괄(沈括)이 말한 부들 (蒲)과 갈대(葦)를 말하는 겁니다. 사람이 정치를 입안하는 것은 땅 에 나무를 심는 것과 같아 그 사람이 빠르게 나타나는데, 부들이나 갈대 또한 쉽게 잘 자라는 식물이므로 그 성장이 특히 빨라 정치와 같다는 것이죠. 훌륭한 사람이 있으면 정치의 거행됨이 이처럼 쉽 고 빠르게 나타남을 말한 겁니다.

敏, 速也. 蒲盧, 沈括以爲蒲葦是也. 以人立政, 猶以地種樹, 其成速 矣, 而蒲葦又易生之物, 其成尤速也. 言人存政舉, 其易如此.

20-4 정치라는 것

그러므로 정치를 하는 것은 사람에게 달려 있으니, 사람(신하)을 취하는 것은 몸으로써 하고, 몸을 수양하는 것은 도로써 하며, 도 를 수양하는 것은 인(仁)으로써 하는 것입니다.

故爲政在人(고위정재인), **取人以身**(취인이신), **修身以道**(수신이도), **修道以仁**(수도이인).

이는 앞글의 "사람의 도는 정치에 민감하게 나타납니다"라는 구 절을 이어서 말한 겁니다. "정치를 하는 것이 사람에게 달려 있습 니다"라는 것은 『가어(家語)』에 "정치를 한다는 것은 사람을 얻는 데에 달려 있습니다"라고 씌어 있으니, 그 말의 의미가 더욱 잘 갖추어져 있습니다. 인(人)은 어진 신하를, 신(身)은 군주 자신을 가리킨 겁니다. 도(道)는 천하에 두루두루 통하는 도를 말한 겁니다. 인(仁)은 천지가 만물을 낳아주는 마음으로 사람은 이것을 받아 태어나게 되니, 이른바 『주역(周易)』「건괘, 문언전」의 "원(元)이란 선의 으뜸입니다"와 같은 겁니다. 임금이 정치를 하는 것은 어진 신하를 얻는 데에 달려 있고, 어진 신하를 얻는 법 또한 자신의 몸을 수양하는 데에 달려 있습니다. 그 몸을 잘 수양하게 되면 훌륭한 군주와 신하가 있어 정치가 잘 거행되지 않을 수 없을 겁니다.

　此承上文人道敏政而言也. 爲政在人, 家語作「爲政在於得人」, 語意尤備. 人, 謂賢臣. 身, 指君身. 道者, 天下之達道. 仁者, 天地生物之心, 而人得以生者, 所謂元者善之長也. 言人君爲政在於得人, 而取人之則又在修身. 能修其身, 則有君有臣, 而政無不擧矣.

20-5 인의(仁義)의 의미

　인(仁)은 사람의 어짊이니 어버이(친척)를 사랑함이 크고, 의(義)는 마땅함이니 어진 사람을 존경함이 큽니다. 친척을 사랑하는 강쇄(降殺, 친척의 촌수에 따라 대함의 정도를 낮추어 가는 것)와 어진 사람을 존경하는 차등에서 예(禮)가 생겨나는 겁니다.

　仁者人也(인자인야), 親親爲大(친친위대). 義者宜也(의자의야), 尊賢爲大(존현위대). 親親之殺(친친지살), 尊賢之等(존현지등), 禮所生也(예소생야).

　인(人)은 사람의 몸을 가리켜 한 말입니다. 이러한 삶의 이치를 갖추고 있어 자연히 가엾게 여기고 자애로운 뜻이 있으니, 이를 깊이 체득해 음미하면 알 수 있습니다. 의(宜)는 사리를 분별해 각각 마땅한 것이 있게 하는 것입니다. 예(禮)는 이 두 가지의 절문(節文, 예절에 관한 규범)일 뿐입니다.

人, 指人身而言. 具此生理, 自然便有惻怛慈愛之意, 深體味之可見. 宜者, 分別事理, 各有所宜也. 禮, 則節文斯二者而已.

20-6 백성의 다스림
아랫자리에 있으면서 윗사람에게 신임을 얻지 못하면 백성을 다스리지 못할 겁니다.

在下位不獲乎上(재하위불획호상), **民不可得而治矣**(민불가득이치의)!

정현(鄭玄)이 말씀하기를 "이 구절은 다음에 나와야 하는데, 실수로 중복되어 여기에 쓰인 겁니다"라고 했습니다.

鄭氏曰: 「此句在下, 誤重在此.」

20-7 군자의 몸 수양
그러므로 군자는 몸을 수양하지 않을 수 없으니, 몸을 닦고자 하면 어버이를 섬기지 않을 수 없고, 어버이를 섬기고자 하면 사람의 도리를 알지 않을 수 없으며, 사람의 도리를 알고자 하면 하늘의 이치를 알지 않을 수 없는 겁니다.

故君子不可以不修身(고군자불가이불수신). **思修身**(사수신), **不可以不事親**(불가이불사친). **思事親**(사사친), **不可以不知人**(불가이부지인). **思知人**(사지인), **不可以不知天**(불가이부지천).

정치를 하는 것은 사람에 달려 있고, 사람을 얻는 것은 자신이 몸소 하는 것이기 때문에 몸을 닦지 않을 수 없는 겁니다. 몸을 닦는 것은 도(道)로써 하고, 도를 닦는 것은 인(仁)으로 하기 때문에 몸을 닦고자 한다면 어버이를 섬기지 않을 수 없는 겁니다. 어버이를 사랑해 인(仁)을 다하려면 반드시 어진 사람을 존경하는 뜻에서 비롯되기 때문에 또한 당연히 사람의 도리를 알아야 합니다. 친척을 사랑하는 강쇄(降殺: 친척의 촌수에 따라 대함의 정도를 낮추어 가는 것)와 어진 사람을 존경하는 차등은 모두 하늘의 이치이기 때문에 또한 당연히 하늘의 이치를 알아야 합니다.

爲政在人, 取人以身, 故不可以不修身. 修身以道, 修道以仁, 故思修身不可以不事親. 欲盡親親之仁, 必由尊賢之義, 故又當知人. 親親之殺, 尊賢之等, 皆天理也, 故又當知天.

20-8 도와 덕의 행함

천하에 두루 통하는 도에는 다섯 가지가 있고, 그것을 행하는 덕은 세 가지가 있습니다. 군신, 부자, 부부, 형제, 벗을 사귀는 이 다섯 가지는 천하에 두루 통하는 도(道)입니다. 지(知, 지혜)·인(仁, 어짊)·용(勇, 용기) 이 세 가지는 천하에 두두 통하는 덕(德)이니, 이를 행하는 것은 하나입니다.

天下之達道五(천하지달도오), 所以行之者三(소이행지자삼). 曰君臣也(왈군신야), 父子也(부자야), 夫婦也(부부야), 昆弟也(곤제야), 朋友之交也(붕우지교야). 五者天下之達道也(오자천하지달도야). 知(지)·仁(인)·勇(용)三者(삼자), 天下之達德也(천하지달덕야), 所以行之者一也(소이행지자일야).

달도(達道)란 예나 지금이나 천하가 모두 함께 따라야 할 길이니, 『서경』「우서(虞書)·대우모(大禹謨)」에서 말한 '오전(五典, 사람이 지켜야 할 다섯 가지의 떳떳한 도리로 맹자가 말한 것과 대동소이하다)'과 『맹자』「승문공(滕文公) 상(上)」에서 말한 "아버지와 아들 사이에는 사랑이 있어야 하며, 임금과 신하 사이에는 의리가 있어야 하고, 남편과 아내 사이에는 분별이 있어야 하며, 어른과 어린이 사이에는 질서가 있어야 하고, 벗 사이에는 믿음이 있어야 합니다"라는 것이 바로 이겁니다. 지혜는 이를 아는 것이며, 어짊은 이를 체득한 것이고, 용기는 이를 힘써 하는 것으로 이들 세 가지를 달덕(達德)이라 하는데, 예나 지금이나 천하가 함께 얻은 이치입니다. 일(一)은 곧 성(誠)일 뿐입니다. 달도(達道)는 비록 사람들이 모두 함께 따라야 할 길이지만 이 세 가지의 달덕이 없으면 행할 수 없습니다. 달덕 또한 비록 사람들이 모두 함께 얻은 것이지만 하나라도 진실하지 않으면 사람의 욕심이 이를 이간시켜 그 덕을 덕이라 할 수 없게 됩니다. 정자께서 말씀하기를 "이른바 성(誠)이란 이 세 가지를 진실하게 하는 데 그칠 뿐입니다. 이 세 가지 외에 또 다른 성(誠)은 없습니다"라고 했습니다.

達道者, 天下古今所共由之路, 卽書所謂五典, 孟子所謂「父子有親·君臣有義·夫婦有別·長幼有序·朋友有信」是也. 知, 所以知此也. 仁, 所以體此也. 勇, 所以强此也. 謂之達德者, 天下古今所同得之理也. 一則誠而已矣. 達道雖人所共由, 然無是三德, 則無以行之. 達德雖人所同得, 然一有不誠, 則人欲間之, 而德非其德矣. 程子曰:「所謂誠者, 止是誠實此三者. 三者之外, 更別無誠.」

20-9 달도(達道)의 앎

어떤 사람은 태어나면서부터 이(達道)를 알고, 어떤 사람은 배워서 이를 알고, 어떤 사람은 어렵게 힘써서 이를 알지만, 그 앎에 이르러서는 한가지입니다. 어떤 사람은 이(達道)를 편안하게 행하고, 어떤 사람은 이롭게 여겨 이를 행하며, 어떤 사람은 억지로 힘써 이를 행하지만 그 성공에 이르러서는 한가지입니다.

或生而知之(혹생이지지), 或學而知之(혹학이지지), 或困而知之(혹곤이지지), 及其知之一也(급기지지일야). 或安而行之(혹안이행지), 或利而行之(혹리이행지), 或勉强而行之(혹면강이행지), 及其成功一也(급기성공일야).

아는 사람이 알고 있는 것과 행하는 사람이 행하는 것은 달도(達道)를 말한 겁니다. 그것을 나누어 말하면 아는 것은 지혜이고, 행하는 것은 어짊이며, 알아서 성공에 이르러서는 한가지라고 한 것은 용기입니다. 그것을 등급으로써 말하면, 나면서부터 알고 편안하게 행하는 것은 지혜이며, 배워서 알고 이롭다고 여겨 행하는 것은 어짊이고, 어렵게 알고 힘써 행하는 것은 용기입니다. 대개 사람의 본성이 비록 선(善)하지 아니한 것이 없지만 기(氣)를 품부(稟賦)함에는 차이가 있기 때문에 도(道)를 깨침에는 빠르고 더딤이 있으며, 도를 행함에도 어렵고 쉬움이 있습니다. 그러나 스스로 힘써 쉬지 않으면 그 다다름에 있어서는 한가지입니다. 북송의 학자 여대림(呂大臨)이 말씀하기를 "들어가는 길은 비록 달라도 이르는 경지는 같습니다. 이 때문에 중용(中庸)을 행하는 겁니다. 만일 나면서 알고 편안하게 행하는 자질을 부러워해 이에 미칠 수 없다고 여긴 나머지, 어렵게 알고 힘써 행하는 것을 가볍게 여겨 성공할 수 없다고 여긴다면, 이것이 도가 밝혀지지 못하고 행해지지 못하는 이유가 됩니다"라고 했습니다.

知之者之所知, 行之者之所行, 謂達道也. 以其分而言, 則所以知者知也, 所以行者仁也, 所以至於知之成功而一者勇也. 以其等而言, 則生知安行者知也, 學知利行者仁也, 困知勉行者勇也. 蓋人性雖無不善, 而氣稟有不同者, 故聞道有蚤莫, 行道有難易, 然能自强不息, 則其至一也. 呂氏曰:「所入之塗雖異, 而所至之域則同, 此所以爲中庸. 若乃企生知安行之資爲不可幾及, 輕困知勉行謂不能有成, 此道之所以不明不行也.」

20-10 지인용(知仁勇)에 가까운 것

공자께서 말씀하기를 "배우기를 좋아함은 지혜에 가깝고, 힘써 행하는 것은 어짊에 가까우며, 부끄러움을 아는 것은 용기에 가깝습니다.

子曰(자왈):「好學近乎知(호학근호지), 力行近乎仁(역행근호인), 知恥近乎勇(지치근호용).

이는 달덕(達德)에는 이를 수 없지만 덕(德)에 들어갈 수 있는 일을 추구함을 말한 겁니다. 앞글의 세 가지 지(知, 생生, 학學, 곤困)를 지혜라 하고 세 가지 행(行, 안安, 이利, 면勉)을 어짊이라 한 것을 통해 살펴보면 이 세 가지 근(近)은 용기의 다음입니다. 여대림(呂大臨)이 말씀하기를 "어리석은 사람은 스스로 옳다고 여겨 남에게 구하지 않고, 스스로 사사로이 하는 사람은 욕심을 따라 반성할 줄 모르고, 나약한 사람은 남의 아래에 있는 것을 좋아하고 사양할 줄 모릅니다. 그러므로 배움을 좋아하는 것이 지혜는 아니지만 어리석음을 깨뜨리기에 충분하고, 힘써 행하는 것이 어짊은 아니지만 사리사욕을 잊어버리기에 충분하며, 부끄러움을 아는 것이 용기는 아니지만 나약한 마음을 일으켜 세우기에 충분합니다"라고 했습니다.

此言未及乎達德而求以入德之事. 通上文三知爲知, 三行爲仁, 則此三近者, 勇之次也. 呂氏曰「愚者自是而不求, 自私者殉人欲而忘反, 懦者甘爲人下而不辭. 故好學非知, 然足以破愚, 力行非仁, 然足以忘私, 知恥非勇, 然足以起懦.」

20—11 세 가지를 앎

이 세 가지를 아는 사람은 몸을 닦는 이유를 알고, 몸을 닦는 이유를 알면 사람을 다스리는 이유를 알고, 사람을 다스리는 이유를 알면 국가와 천하를 다스리는 까닭을 알게 됩니다"라고 했습니다.

知斯三者(지사삼자), 則知所以修身(즉지소이수신). 知所以修身(지소이수신), 則知所以治人(즉지소이치인). 知所以治人(지소이치인), 則知所以治天下國家矣(즉지소이치천하국가의).」

이 세 가지는 삼근(三近)을 가리켜 말한 겁니다. 인(人)은 자기와 대칭되는 다른 사람을 뜻합니다. 국가와 천하는 모든 사람을 아울러 말한 겁니다. 이는 앞글 '수신(修身)'의 의미를 결론지어 다음 문장인 '구경(九經)'의 단초를 일으켜 말한 겁니다.

斯三者, 指三近而言. 人者, 對己之稱. 天下國家, 則盡乎人矣. 言此以結上文修身之意, 起下文九經之端也.

20-12 아홉 가지 준칙

보통 천하의 국가를 다스리는 데에는 아홉 가지의 준칙이 있는데, 통치자 자신의 몸을 수양하고, 어진 사람을 높이 사며, 친인척을 사랑으로 대하고, 대신들을 공경하며, 여러 신하들의 마음을 몸소 헤아리고, 백성을 자식처럼 여기며, 많은 장인들이 스스로 찾아오게 하고, 변방의 사람들에게도 너그럽게 대하며, 제후들을 감싸주는 것입니다.

凡爲天下國家有九經(범위천하국가유구경), 曰(왈), 修身也(수신야), 尊賢也(존현야), 親親也(친친야), 敬大臣也(경대신야), 體群臣也(체군신야), 子庶民也(자서민야), 來百工也(래백공야), 柔遠人也(유원인야), 懷諸侯也(회제후야).

경(經)은 불변의 도를 뜻합니다. 체(體)는 자신이 상대방의 입장에서 그들의 마음을 살피는 것을 말한 겁니다. 자(子)는 부모가 자식을 사랑하는 것과 같이 백성을 돌본다는 의미입니다. 유원인(柔遠人)이란 손님이나 나그네를 저버리지 않음을 말한 겁니다. 이는 구경(九經)의 조목을 열거한 겁니다. 여 씨가 말씀하기를 "천하 국가의 근본은 자신에게 있기 때문에 몸 수양이 구경(九經)의 근본이됩니다. 그러나 반드시 스승을 가까이 모시고 벗을 얻은 후에야 몸수양의 길로 나설 수 있기 때문에 어진 사람을 높이는 것은 그다음입니다. 구경(九經)의 길로 나아감에 있어 자신의 집안보다 먼저 돌

볼 곳은 없기 때문에 친인척을 가까이하는 것은 그다음의 일입니다. 가정을 잘 다스린 이후에야 조정에까지 그 여력이 미칠 수 있기 때문에 대신을 존경하고 여러 신하를 제 몸처럼 돌보는 것은 그다음의 일입니다. 조정을 잘 다스린 이후에라야 나라에까지 이를 수 있기 때문에 백성을 자식처럼 아끼고 많은 장인들이 스스로 오게 하는 것은 그다음의 일입니다. 나라를 잘 다스린 이후에야 천하에까지 미칠 수 있기 때문에 변방의 사람들을 너그럽게 대하고 제후들을 감싸주는 것은 그다음의 일입니다. 이것이 구경(九經)의 길로 나아가는 차례입니다"라고 했습니다. 여러 신하들을 내 몸 돌보듯이 하고, 백성들을 나의 자식 돌보듯이 하는 이것이 신하와 백성을 대하는 차이점입니다.

經, 常也. 體, 謂設以身處其地而察其心也. 子, 如父母之愛其子也. 柔遠人, 所謂無忘賓旅者也. 此列九經之目也. 呂氏曰:「天下國家之本在身, 故修身爲九經之本. 然必親師取友, 然後修身之道進, 故尊賢次之. 道之所進, 莫先其家, 故親親次之. 由家以及朝廷, 故敬大臣·體群臣次之. 由朝廷以及其國, 故子庶民·來百工次之. 由其國以及天下, 故柔遠人·懷諸侯次之. 此九經之序也.」視群臣猶吾四體, 視百姓猶吾子, 此視臣視民之別也.

20-13 몸을 잘 수양하면

몸을 잘 수양하면 도가 확립되고, 어진 사람을 존경하면 의혹에 빠지지 않으며, 친인척을 가까이하면 여러 어버이(백부나 숙부 등의 내외)와 형제들에게 원망을 사지 않고, 대신을 경애하면 현혹되지 않으며, 여러 신하의 마음을 몸소 헤아리면 선비들은 신중한 예(禮)로 보답하고, 백성을 자식처럼 사랑하면 백성들은 서로서로 권장하며, 많은 장인들을 스스로 오게 하면 재물의 쓰임이 풍족해지고, 변방의 사람들을 너그럽게 대하면 사방에서 찾아들며, 제후들을 감싸 안으면 천하가 두려워합니다.

修身則道立(수신즉도립), **尊賢則不惑**(존현즉불혹), **親親則諸父昆弟不怨**(친친즉제부곤제불원), **敬大臣則不眩**(경대신즉불현), **體群臣則士之報禮重**(체군신즉사지보례중), **子庶民則百姓勸**(자서민즉백성권), **來百工則財用足**(래백공즉재용족), **柔遠人則四方歸之**(유원인즉사방귀지), **懷諸侯則天下畏之**(회제후즉천하외지).

이는 구경(九經)의 효력에 대해 말한 겁니다. 도가 확립되는 도립(道立)은 도가 자신에게 이루어져 백성들에게 표상이 되니,『서경』「홍범(洪範)」에서 말한 "황제가 그 표준(極)을 세웠습니다"는 것이이겁니다. 불혹(不惑)이란 이치에 대해 의심이 없는 것을 말합니다. 불현(不眩)이란 일에 대해 미혹함이 없는 것을 뜻합니다. 대신들을 존경하게 되면 그 믿음이 오롯하여 지위가 낮은 신하들이 이간질하지 못하기 때문에 일을 해도 현혹되지 않을 겁니다. 많은 장인들이 스스로 찾아오게 되면 서로의 공법을 소통하며 일을 교역하고 농민과 상인들이 서로 바탕이 되기 때문에 재화의 쓰임이 풍족해질 겁니다. 변방의 사람들을 너그럽게 대하면 천하의 여행자들도 모두 기뻐하며 그 나라를 방문하고자 하기 때문에 사방에서 찾아들게 됩니다. 제후들을 감싸 안으면 덕으로 베풀어지는 것이 넓어지고 위엄으로 제압하는 것이 광대해지기 때문에 천하가 두려워하게 된다고 말한 겁니다.

此言九經之效也. 道立, 謂道成於己而可爲民表, 所謂皇建其有極
是也. 不惑, 謂不疑於理. 不眩, 謂不迷於事. 敬大臣則信任專, 而小臣
不得以間之, 故臨事而不眩也. 來百工則通功易事, 農末相資, 故財用
足. 柔遠人, 則天下之旅皆悅而願出於其塗, 故四方歸. 懷諸侯, 則德
之所施者博, 而威之所制者廣矣, 故曰天下畏之.

20-14 몸의 수양

마음을 가지런히 하고 밝게 하며 의복을 단정하게 차려 입고서
예가 아니면 행동하지 않는 것이 몸을 수양하는 이유입니다. 중상
모략을 물리치고 여색을 멀리하며 재물을 천히 여기고 덕을 귀중
하게 여기는 것이 어진 사람을 권유하기 위한 이유입니다. 그 지위
를 높여주고 그 녹을 많이 주며 좋아하고 미워하는 것을 한결같게
하는 것이 친인척을 가까이하도록 권하기 위한 이유입니다. 관속
을 많이 두어 마음대로 부리도록 한 것은 대신을 권유하기 위한 이
유입니다. 충심과 믿음으로 대하며 녹을 많이 주는 것은 선비를 권
유하기 위한 이유입니다. 때에 맞게 부역을 시키고 세금을 적게 거
둬들이는 것은 백성을 권유하기 위한 이유이죠. 날마다 살피고 매
월 시험해 적당한 대가를 치르고 하는 일을 칭찬하는 것은 많은 장
인들을 권유하기 위한 이유입니다. 떠나는 사람을 환송하고 오는
사람을 환영하며 훌륭한 사람을 아름답게 여기고 일에 서투른 사
람을 감싸주는 것은 변방의 사람들을 너그럽게 대하기 위한 이유
입니다. 끊어진 대를 이어주고 황폐한 나라를 부흥시켜주며, 혼란

한 나라를 다스려주고 위태로운 나라를 지지해 주며, 조공과 사절단을 때에 맞추어 부르며 그들이 돌아갈 때는 후하게 내리고 올 때 공물을 가볍게 가져오게 하는 것은 제후들을 감싸 안기 위한 이유입니다.

齊明盛服(제명성복), 非禮不動(비례불동), 所以修身也(소이수신야). 去讒遠色(거참원색), 賤貨而貴德(천화이귀덕), 所以勸賢也(소이권현야). 尊其位(존기위), 重其祿(중기록), 同其好惡(동기호오), 所以勸親親也(소이권친친야). 官盛任使(관성임사), 所以勸大臣也(소이권대신야). 忠信重祿(충신중록), 所以勸士也(소이권사야). 時使薄斂(시사박렴), 所以勸百姓也(소이권백성야). 日省月試(일성월시), 旣廩稱事(기품칭사), 所以勸百工也(소이권백공야). 送往迎來(송왕영래), 嘉善而矜不能(가선이긍불능), 所以柔遠人也(소이유원인야). 繼絕世(계절세), 擧廢國(거폐국), 治亂持危(치란지위), 朝聘以時(조빙이시), 厚往而薄來(후왕이박래), 所以懷諸侯也(소이회제후야).

이는 구경(九經)의 일에 대해 말한 겁니다. '관성임사(官盛任使)'란, 관속(官屬, 아전과 하인)을 많이 두어 충분히 일을 맡겨 시킬 수 있도록 하는 것을 말하니, 대신이 몸소 세부적인 일까지 감당할 수 없기 때문에 그에 대한 예우를 하는 이유가 이와 같은 겁니다. '충신중록(忠信重祿)'이란, 진심으로 대하고 양식을 후하게 줌을 말하니, 몸소 체득해 그들이 윗사람에게 원하는 것이 무엇인지 아는 것이 바로 이러한 것입니다. 기(旣)는 희(餼)로 읽으며, 희품(餼廩)은 관원들의 봉급입니다. 칭사(稱事)는 『주례(周禮)』「고인직(稿人職)」에서 말한 "그들이 만든 활과 화살을 살펴보고서 그 녹봉을 조정하니다"라는 것이 이것입니다. 떠나갈 때는 그를 위해 부절(符節)을 주어 환송해 주고, 찾아올 때는 그에게 먹고 마실 것을 풍성하게 주어 환영해 줍니다. 조(朝)는 제후가 천자를 알현하는 것을 말하며, 빙(聘)은 제후가 대부로 하여금 공물을 올리게 함을 말한 겁니다. 『예기(禮記)』 「왕제(王制)」에 따르면 "해마다 한 차례의 작은 초빙이 있고, 3년에 한 번씩 큰 초빙이 있으며, 5년마다 한 차례의 조회가 있습니다"라고 했습니다. '후왕박례(厚往薄來)'란, 잔치를 베풀고 하사품을 후하게 내리며, 공물 바치는 것은 가볍게 함을 말한 겁니다.

此言九經之事也. 官盛任使, 謂官屬衆盛, 足任使令也, 蓋大臣不當親細事, 故所以優之者如此. 忠信重祿, 謂待之誠而養之厚, 蓋以身體之, 而知其所賴乎上者如此也. 旣, 讀曰餼. 餼禀, 稍食也. 稱事, 如周禮稿人職, 曰「考其弓弩, 以上下其食」是也. 往則爲之授節以送之, 來則豐其委積以迎之. 朝, 謂諸侯見於天子. 聘, 謂諸侯使大夫來獻. 王制「比年一小聘, 三年一大聘, 五年一朝.」 厚往薄來, 謂燕賜厚而納貢薄.

20-15 아홉 가지 준칙

천하와 국가를 다스림에는 아홉 가지의 준칙이 있지만, 그것을 행하는 것은 하나입니다.

凡爲天下國家有九經(범위천하국가유구경), 所以行之者一也(소이행지자일야).

일(一)은 진실함을 뜻합니다. 하나라도 진실하지 못하면 이 구경

(九經)은 모두 공허한 꾸밈일 뿐입니다. 이것이 구경(九經)의 실상입니다.

一者, 誠也. 一有不誠, 則是九者皆爲虛文矣, 此九經之實也.

20-16 미리 준비함

모든 일을 미리 준비하면 성립되고, 준비하지 않으면 어긋나게 됩니다. 말할 것을 미리 정해 두면 차질이 없고, 일할 것을 미리 정해 두면 곤란을 겪지 않으며, 행할 것을 미리 정해 두면 결함이 없고, 갈 길을 미리 정해 두면 곤궁하지 않을 겁니다.

凡事豫則立(범사예즉립), 不豫則廢(불예즉폐). 言前定則不跲(언전정즉불겁), 事前定則不困(사전정즉불곤), 行前定則不疚(행전정즉불구), 道前定則不窮(도전정즉불궁).

모든 일이란, 달도(達道)와 달덕(達德) 그리고 구경(九經) 등을 가리킵니다. 예(豫)는 평소에 미리 정해 둔 것을, 겁(跲)은 넘어지는 것을, 구(疚)는 병폐를 뜻합니다. 이는 앞글을 이어서, 모든 일을 먼저 진실되게 성립시키고자 함을 말한 것이니, 다음 글에서 이를 유추한 것과 같습니다.

凡事, 指達道達德九經之屬. 豫, 素定也. 跲, 躓也. 疚, 病也. 此承上文, 言凡事皆欲先立乎誠, 如下文所推是也.

20-17 신임을 얻는 방법

아랫자리에 있으면서 윗사람에게 신임을 얻지 못하면 백성을 다스릴 수 없습니다. 윗사람에게 신임을 얻는 데에는 방도가 있으니,

벗에게 신뢰를 얻지 못하면 윗사람에게 신임을 얻을 수 없습니다. 벗에게 신뢰를 얻는 데에도 방도가 있으니, 어버이의 마음을 순탄하게 하지 못하면 벗에게 신뢰를 얻을 수 없습니다. 어버이의 마음을 순탄하게 하는 데에도 방도가 있으니, 자신을 돌이켜보아 진실하지 못하면 어버이의 마음을 순탄하게 할 수 없습니다. 자신을 진실하게 하는 데에도 방도가 있으니, 선(善)을 밝게 알지 못하면 자신을 진실하게 할 수 없습니다.

在下位不獲乎上(재하위불획호상), 民不可得而治矣(민불가득이치의), 獲乎上有道(획호상유도), 不信乎朋友(불신호붕우), 不獲乎上矣(불획호상의), 信乎朋友有道(신호붕우유도), 不順乎親(불순호친), 不信乎朋友矣(불신호붕우의), 順乎親有道(순호친유도), 反諸身不誠(반저신불성), 不順乎親矣(불순호친의), 誠身有道(성신유도), 不明乎善(불명호선), 不誠乎身矣(불성호신의).

이는 또한 아랫자리에 있는 자로서 평소에 미리 정해 두어야 한다는 뜻을 미루어 말한 겁니다. '반저신불성(反諸身不誠)'이란, 자신을 돌이켜보아 바라는 마음이 내면에 존재할 때나 밖으로 드러날 때 진실되어 망령됨이 없는 상태가 아직 아님을 말한 겁니다. '불명호선(不明乎善)'이란, 인심(人心)과 천명(天命)을 살펴 지극한 선(善)이 있는 곳을 아직은 진정으로 알지 못함을 말한 겁니다.

此又以在下位者, 推言素定之意. 反諸身不誠, 謂反求諸身而所存所發, 未能眞實而無妄也. 不明乎善, 謂未能察於人心天命之本然, 而眞知至善之所在也.

20-18 천리의 본연

진실(誠)한 사람은 하늘의 도이며, 성실(誠)해지려 하는 것은 사람의 도리입니다. 진실(誠)한 자는 힘쓰지 않아도 도에 부합하고 생각하지 않아도 도를 얻어 조용히 도에 부합하는 자이니, 성인입니다. 진실(誠)해지려는 사람은 선(善)을 가려서 굳게 잡아 실행하는 자입니다.

誠者(성자), **天之道也**(천지도야). **誠之者**(성지자), **人之道也**(인지도야). **誠者不勉而中**(성자불면이중), **不思而得**(불사이득), **從容中道**(종용중도), **聖人也**(성인야). **誠之者**(성지자), **擇善而固執之者也**(택선이고집지자야).

이는 앞글의 '성신(誠身)'을 이어 말한 겁니다. 성(誠)이란 진실하고 거짓이 없음을 말한 것으로 천리(天理)의 본연(本然)입니다. 성지(誠之)란 아직은 거짓 없이 진실하지는 않으나, 장차 거짓 없는 진실을 이루고자 함을 말한 것으로 사람으로서의 당연한 도리입니다. 성인의 덕은 천리라서 진실무망하며, 생각하거나 힘쓰지 않아도 조용히 도에 부합하니 또한 하늘의 도인 겁니다. 그러나 아직 성인의 경지에 이르지 못한 사람은 인욕의 사사로움이 없을 수 없어, 그의 덕(德)이 모두 진실할 수가 없습니다. 그러므로 아직은 생각하지 않고서는 도를 얻을 수도 없기 때문에 반드시 선(善)을 가려낸 후에야 선을 밝힐 수 있으며, 아직은 힘쓰지 않고는 도에 부합할 수 없기 때문에 반드시 단단히 붙잡은 후에야 몸을 진실되게 할 수 있기 때문에, 이를 사람의 도리라고 말하는 겁니다. 생각하지 않고도 도를 얻을 수 있음은 태어나면서부터 아는 것이며, 힘쓰지 않아도 도에 부합할 수 있음은 편안히 행함입니다. 선(善)을 가려서 하는 것은 배워서 아는 것으로 그 이하의 일입니다. 단단히 붙들어서 하는 것은 이롭다고 여겨 행하는 것으로 그 이하의 일입니다.

此承上文誠身而言. 誠者, 眞實無妄之謂, 天理之本然也. 誠之者, 未能眞實無妄, 而欲其眞實無妄之謂, 人事之當然也. 聖人之德, 渾然天理, 眞實無妄, 不待思勉而從容中道, 則亦天之道也. 未至於聖, 則不能無人欲之私, 而其爲德不能皆實. 故未能不思而得, 則必擇善, 然後可以明善, 未能不勉而中, 則必固執, 而後可以誠身, 此則所謂人之道也. 不思而得, 生知也. 不勉而中, 安行也. 擇善, 學知以下之事. 固執, 利行以下之事也.

20-19 널리 배움

널리 배우며, 자세히 묻고, 신중하게 생각하며, 밝게 판단하고, 도탑게 행해야 합니다.

博學之(박학지), 審問之(심문지), 愼思之(신사지), 明辨之(명변지), 篤行之(독행지).

이는 진실하게 하려는 사람의 조목(條目)입니다. 배우고 묻고 생각하고 판단하는 것은 선(善)을 가려내서 알게 되는 '지(知)'로, 배워서 아는 것입니다. 도탑게 행하는 것은 단단히 붙잡아서 어질게 되는 '인(仁)'으로, 이롭다고 여겨 행하는 겁니다. 정자께서 말씀하기를 "이 다섯 가지 가운데 하나라도 빠뜨리게 되면 학문이 아닙니다"라고 했습니다.

此誠之之目也. 學·問·思·辨, 所以擇善而爲知, 學而知也. 篤行, 所以固執而爲仁, 利而行也. 程子曰:「五者廢其一, 非學也.」

20-20 천 번이라도 해야 함

배우지 않을 거라면 몰라도, 배운다면 잘하지 않고서는 그만두지 말아야 하며, 묻지 않을 거라면 몰라도, 묻는다면 잘 알지 않고서는 그만두지 말아야 하고, 생각하지 않을 거라면 몰라도 생각한다면 얻지 않고서는 그만두지 말아야 하며, 판단하지 않을 거라면 몰라도 판단하다면 밝게 알지 않고서는 그만두지 말아야 하고, 행하지 않을 거라면 몰라도 행한다면 도탑지 않고서는 그만두지 말아야 하는데, 남이 단번에 할 수 있을지라도 나는 백 번을 해야 하며, 남이 열 번에 할 수 있을지라도 나는 천 번이라도 해야 합니다.

有弗學(유불학), 學之弗能弗措也(학지불능불조야). 有弗問(유불문), 問之弗知弗措也(문지불지불조야). 有弗思(유불사), 思之弗得弗措也(사지불득불조야). 有弗辨(유불변), 辨之弗明弗措也(변지불명불조야). 有弗行(유불행), 行之弗篤弗措也(행지불독불조야). 人一能之己百之(인일능지기백지), 人十能之己千之(인십능지기천지).

군자의 학문은 하지 않으려면 그만둬야겠지만, 하려 한다면 반드시 그것을 이루어내야 합니다. 그러므로 항상 그 공력을 백배나 들이는 겁니다. 이는 힘들여 알고, 힘써서 행하는 사람이니, 용맹한 사람(勇)의 일입니다.

君子之學, 不爲則已, 爲則必要其成, 故常百倍其功. 此困而知, 勉而行者也, 勇之事也.

20-21 이 방법에 능하면

정말로 이 방법(道)에 능하면, 비록 우둔한 사람이라도 반드시 총명해질 것이며, 비록 유약(柔弱)한 사람이라도 반드시 강해질 겁니다.

果能此道矣(과능차도의), **雖愚必明**(수우필명), **雖柔必强**(수유필강).

총명해진다는 것은 선(善)을 가려내 실행한 공효(功效)이며, 강해진다는 것은 선을 단단히 붙잡아 실행한 공효입니다. 여 씨가 말씀하기를 "군자가 배우는 이유는 그 기질을 잘 변화시키려는 데 있을 뿐입니다. 덕(德)으로써 그 기질을 이기게 되면 우둔한 자라도 총명해질 수 있고, 유약한 자라도 강해질 수 있습니다. 기질의 성품을 이길 수 없다면 비록 배움에 뜻이 있다 해도 또한 우둔한 자는 총명해질 수 없고 유약한 자는 강해질 수 없습니다. 모두가 선(善)하여 악(惡)이 없는 것은 본성이며, 모든 사람이 같은 겁니다. 우둔하고 총명하고 강하고 유약한 기품이 똑같지 않은 것은 그 재질이니, 사람마다 모두 다른 겁니다. 진실해지려는 것은 다 같은 본성을 회복하고 각기 다른 기품을 변화시키려는 겁니다. 아름답지 않은 기질을 변화시켜 아름다워지기를 바란다면 백배의 공력을 들이지 않고서는 충분히 그것을 이룰 수 없습니다. 오늘날 힘들이지 않고 지리멸렬하게 배우다 말다 하는 공부로써 아름답지 못한 기질을 변화시킬 수 없게 되면, 타고난 기질이 아름답지 못해 배움으로써는 변화시킬 수 없다고 푸념합니다. 이는 결과적으로는 스스로 포기한 것이니, 그것은 매우 어질지 못한 행동입니다.

明者擇善之功, 强者固執之效. 呂氏曰:「君子所以學者, 爲能變化

氣質而已. 德勝氣質, 則愚者可進於明, 柔者可進於强. 不能勝之, 則
雖有志於學, 亦愚不能明, 柔不能立而已矣. 蓋均善而無惡者, 性也,
人所同也. 昏明强弱之稟不齊者, 才也, 人所異也. 誠之者所以反其同
而變其異也. 夫以不美之質, 求變而美, 非百倍其功, 不足以致之. 今
以鹵莽滅裂之學, 或作或輟, 以變其不美之質, 及不能變, 則曰天質不
美, 非學所能變. 是果於自棄, 其爲不仁甚矣!」

　이상은 제20장입니다. 이는 공자의 말씀을 인용해 순임금과 문
왕, 무왕, 주공의 유지를 계승해 전수한 것이 일치하므로 받들어서
두었더라면 또한 이와 같았을 것임을 밝힌 겁니다. 그래서 '비은
(費隱)'을 포괄하고 '대소(大小)'를 겸하여 앞에 나온 열두 장의 뜻을
결론짓고 있습니다. 이 장에서는 처음으로 '성(誠)'에 대해 자세히
말했는데, 이른바 성이라는 것은 실제로『중용(中庸)』전체의 핵심
사상이라 할 수 있습니다. 또한 살펴보면『공자가어(孔子家語)』에서
도 이 장의 내용이 실려 있는데, 그 문장은 더욱 자세합니다. '성공
일야(成功一也)'라는 구절 아래에 "애공(哀公)이 말하기를, 그대의 말
은 아름답고 지극하지만, 과인은 실제로는 고루(固陋)해 그것을 이
루기에는 부족하구나"라는 내용이 있었기 때문에 그 아래에 다시
"자왈(子曰)"이라는 두 글자로 공자의 대답을 넣은 겁니다. 이제 여
기에는 이러한 묻는 말이 없는데도 여전히 "자왈(子曰)"이라는 두
글자가 남아 있는 것은, 자사께서 번거로운 문장을 삭제해『중용
(中庸)』에 첨부하는 과정에서 삭제한 것이 미진했던 것으로 여겨지
니, 여기서는 마땅히 쓸데없는 문장으로 보아야 할 것입니다. '박
학지(博學之)' 이하의 문장은『공자가어(孔子家語)』에는 없는데,『공

자가어』에 이 문장이 빠진 것인지, 아니면 이를 혹시 자사께서 『중
용』에 보충한 것이 아닌가 싶습니다.

右第二十章. 此引孔子之言, 以繼大舜·文·武·周公之緖, 明其所傳
之一致, 擧而措之, 亦猶是爾. 蓋包費隱·兼小大, 以終十二章之意. 章
內語誠始詳, 而所謂誠者, 實此篇之樞紐也. 又按. 孔子家語, 亦載此
章, 而其文尤詳.「成功一也」之下, 有「公曰. 子之言美矣! 至矣! 寡人
實固, 不足以成之也.」故其下復以「子曰」起答辭. 今無此問辭, 而猶
有「子曰」二字. 蓋子思刪其繁文以附於篇, 而所刪有不盡者, 今當爲
衍文也.「博學之」以下, 家語無之, 意彼有闕文, 抑此或子思所補也歟.

제21장   성교(性敎)의 밝아짐

21-1 본성과 가르침

진실을 바탕으로 밝아지는 것을 본성(性)이라 하고, 밝아짐을 바
탕으로 진실해지는 것을 가르침(敎)이라고 합니다. 진실하면 밝아
지고, 밝으면 진실해지는 겁니다.

自誠明(자성명), 謂之性(위지성). 自明誠(자명성), 謂之敎(위지교). 誠
則明矣(성즉명의), 明則誠矣(명즉성의).

자(自)는 '말미암다' 또는 '바탕으로'라는 뜻입니다. 덕이 진실하
지 않음이 없고 밝음이 사물을 관조하지 않음이 없다는 것은 성인
의 덕인데, 본성 그대로 가지고 있는 것이니 하늘의 도(天道)인 겁

니다. 먼저 선(善)을 밝힌 이후에 그 선을 진실하게 하는 것은 현인의 학문인데, 가르침을 바탕으로 해서 진실에 들어가는 것이니 사람의 도(人道)인 겁니다. 진실하면 밝지 않음이 없고, 밝으면 진실함에 이를 수 있습니다.

自, 由也. 德無不實而明無不照者, 聖人之德. 所性而有者也, 天道也. 先明乎善, 而後能實其善者, 賢人之學. 由教而入者也, 人道也. 誠則無不明矣, 明則可以至於誠矣.

이상은 제21장입니다. 자사께서 공자님의 천도(天道)와 인도(人道)의 뜻을 이어받아 말한 겁니다. 이 장으로부터 다음 열두 장(제32장까지)은 모두 자사의 말로써 반복적으로 이 장(제21장)의 뜻을 미루어 밝힌 겁니다.

右第二十一章. 子思承上章夫子天道·人道之意而立言也. 自此以下十二章, 皆子思之言, 以反覆推明此章之意.

제22장   본성을 다할 수 있으면

오직 천하에 지극히 진실한 자만이 자신의 본성을 다할 수 있고, 자신의 본성을 다할 수 있으면 다른 사람의 본성도 다할 수 있으며, 다른 사람의 본성을 다할 수 있으면 만물의 본성을 다할 수 있고, 만물의 본성을 다할 수 있으면 천지의 화육(化育)을 도울 수 있으며, 천지의 화육을 도울 수 있으면 천지와 더불어 셋이 될 수 있습니다.

唯天下至誠(유천하지성), 爲能盡其性(위능진기성). 能盡其性(능진기성), 則能盡人之性(즉능진인지성). 能盡人之性(능진인지성), 則能盡物之性(즉능진물지성). 能盡物之性(능진물지성), 則可以贊天地之化育(즉가이찬천지지화육). 可以贊天地之化育(가이찬천지지화육), 則可以與天地參矣(즉가이여천지참의).

천하의 지극한 진실함이란, 성인의 덕이 진실해 천하에 어느 것으로도 더할 수 없음을 말한 겁니다. 그 본성을 다함이란 덕이 진실하지 아니함이 없기 때문에 인욕의 사사로움이 없어서, 나에게 품부된 천명을 잘 살피고 이를 바탕으로 크건 작건 정밀하건 거칠건 간에 털끝만큼이라도 다하지 아니함이 없음을 말한 겁니다. 사람과 만물의 본성 또한 나의 본성이지만 부여받은 형태와 기질이 같지 않기 때문에 차이가 있는 겁니다. 그 본성을 다할 수 있다는 것은 앎에 밝지 아니함이 없고 처리함에 타당하지 아니함이 없음을 말한 겁니다. 찬(贊)은 돕는다는 의미입니다. 천지와 더불어 셋이 된다는 것은 천지와 더불어 나란히 서서 셋(천天·지地·인人 삼재 三才)이 됨을 말한 겁니다. 이는 진실을 바탕으로 밝아진 자의 일입니다.

天下至誠, 謂聖人之德之實, 天下莫能加也. 盡其性者德無不實, 故無人欲之私, 而天命之在我者, 察之由之, 巨細精粗, 無毫髮之不盡也. 人物之性, 亦我之性, 但以所賦形氣不同而有異耳. 能盡之者, 謂知之無不明而處之無不當也. 贊, 猶助也. 與天地參, 謂與天地並立爲三也. 此自誠而明者之事也.

이상은 제22장으로 천도를 말했습니다.

右第二十二章. 言天道也.

제23장 　　 지극한 진실

23-1 진실의 모습

그 다음은 한쪽을 끝까지 다하는 것이며, 한쪽을 다하면 진실함
이 있게 되니, 진실하면 모습을 드러내고, 모습이 드러나면 또렷
해지고, 또렷해지면 밝아지고, 밝아지면 마음이 움직이고, 마음이
움직이면 서서히 변하게 되고, 서서히 변하기 시작하면 바뀜이 빨
라지니, 오직 천하의 지극한 진실함만이 빠르게 바꿀 수 있습니다.

　其次致曲(기차치곡), 曲能有誠(곡능유성), 誠則形(성즉형), 形則著(형
즉저), 著則明(저즉명), 明則動(명즉동), 動則變(동즉변), 變則化(변즉
화), 唯天下至誠爲能化(유천하지성위능화).

그 다음이란 크게 어진 사람 이하의 사람으로서 아직은 지성(至
誠)에 이르지 못한 사람을 통틀어 말한 겁니다. 치(致)는 끝까지 다
한다는 뜻이며, 곡(曲)은 한쪽을 의미합니다. 형(形)은 속에 쌓인 것
이 밖으로 드러남을 뜻하고, 저(著)는 더욱 또렷하게 드러남을 의
미합니다. 변(變)은 만물이 따라서 서서히 변함을 뜻하고, 화(化)는
그렇게 되는 이유도 모를 만큼 빠르게 바뀜을 의미합니다. 사람의
본성은 같지 않은 것이 없으나 기질이 다르기 때문에 오직 성인만
이 자신의 본성 전체를 들추어 다할 수 있는 겁니다. 성인 다음의

사람은 반드시 자신의 선한 실마리가 드러나는 한쪽으로부터 모두 미루어 끝까지 다해 각각 그 지극한 데까지 이루어내는 것입니다. 한쪽이라도 이루지 아니한 것이 없게 되면 덕이 진실하지 아니함이 없게 되어, 드러나고, 또렷하며, 마음이 움직이고, 서서히 변하는 공효(功效)가 스스로 그치지 않게 됩니다. 이것이 쌓이게 되어 빠르게 바뀔 수 있게 되면, 지극한 진실의 오묘함이 또한 성인과 다르지 않게 됩니다.

其次, 通大賢以下凡誠有未至者而言也. 致, 推致也. 曲, 一偏也. 形者, 積中而發外. 著, 則又加顯矣. 明, 則又有光輝發越之盛也. 動者, 誠能動物. 變者, 物從而變. 化, 則有不知其所以然者. 蓋人之性無不同, 而氣則有異, 故惟聖人能擧其性之全體而盡之. 其次則必自其善端發見之偏, 而悉推致之, 以各造其極也. 曲無不致, 則德無不實, 而形·著·動·變之功自不能已. 積而至於能化, 則其至誠之妙, 亦不異於聖人矣.

이상은 제23장으로 인도(人道)를 말했습니다.

右第二十三章. 言人道也.

제24장　　진실한 도

24-1 지극한 진실

지극히 진실한 도는 앞일을 알 수 있습니다. 국가가 장차 흥성

하려면 반드시 상서로운 조짐이 있으며, 국가가 장차 망하려면 반드시 요사스런 재앙이 있게 되는데, 시초점과 거북점에도 나타나며 몸 역시 동요를 일으킵니다. 재앙과 복록이 장차 다가오면 좋은 일도 반드시 먼저 알게 되며, 나쁜 일도 반드시 먼저 알 수 있습니다. 그러므로 지극한 진실은 신(神)과 같은 겁니다.

至誠之道(지성지도), 可以前知(가이전지). 國家將興(국가장흥), 必有禎祥(필유정상). 國家將亡(국가장망), 必有妖孼(필유요얼). 見乎蓍龜(현호시구), 動乎四體(동호사체). 禍福將至(화복장지). 善(선), 必先知之(필선지지). 不善(불선), 必先知之(필선지지). 故至誠如神(고지성여신).

정상(禎祥)이란 복록의 조짐이며, 요얼(妖孼)이란 재앙의 싹입니다. 시(蓍)는 톱 풀로 점치는 시초점이며, 구(龜)는 불에 구운 거북이 몸체의 균열로 점치는 거북점입니다. 사체(四體)란 몸의 동작이나 몸가짐의 사이에 드러나는 모습을 말하는데, 예를 들면 옥으로 만든 홀을 잡을 때 높게 든다거나 낮게 드는 것, 또는 너무 허리를 굽히거나 우러르는 등의 모습입니다. 대체로 이러한 것은 일에 앞서 이치상 먼저 그 조짐이 몸에 나타나게 되어 있습니다. 그러나 오직 진실함이 지극해 마음과 눈 사이에 한 터럭의 사사로움이나 거짓이 머물지 않는 사람만이 오직 그 기미를 알아차릴 수 있습니다. 신(神)은 귀신을 말합니다.

禎祥者, 福之兆. 妖孼者, 禍之萌. 蓍, 所以筮. 龜, 所以卜. 四體, 謂動作威儀之間, 如執玉高卑, 其容俯仰之類. 凡此皆理之先見者也. 然唯誠之至極, 而無一毫私僞留於心目之間者, 乃能有以察其幾焉. 神, 謂鬼神.

이상은 제24장으로 천도(天道)를 말했습니다.

右第二十四章. 言天道也.

제25장   성(誠)과 도(道)

25-1 스스로 해야 할 것

성(誠, 진실)은 스스로 이루어야 할 것이며, 도(道)는 스스로 가야
할 길입니다.

誠者自成也(성자자성야), **而道自道也**(이도자도야).

성(誠)은 만물이 스스로 이루어야 하며, 도(道)는 사람이 마땅히
스스로 행해야 한다는 것을 말한 겁니다. 성(誠)은 마음으로써 말하
자면 근본이며, 도(道)는 이치로써 말하자면 작용입니다.

言誠者物之所以自成, 而道者人之所當自行也. 誠以心言, 本也; 道
以理言, 用也.

25-2 만물의 시작과 끝

성(誠)은 만물의 끝이면서 시작이며, 진실하지 않으면 만물이 존재
할 수 없습니다. 이 때문에 군자는 진실함을 귀중히 여기는 겁니다.

誠者物之終始(성자물지종시), **不誠無物**(불성무물). **是故君子誠之爲
貴**(시고군자성지위귀).

천하의 만물은 모두가 진실한 이치에 의해 이루어지기 때문에

반드시 이러한 이치를 얻은 뒤에야 만물은 존재할 수 있습니다. 그러나 얻은 이치가 이미 소진되면 이 사물 또한 존재하지 못합니다. 그러므로 사람의 마음에 하나라도 진실하지 못함이 있으면 비록 살아 있더라도 살아 있지 않는 것과 같기에 군자는 반드시 진실함을 귀중하게 여기는 겁니다. 사람의 마음에 진실하지 못한 것이 없어야만 스스로 이룰 수 있으며, 나에게 있는 도(道) 또한 행해지지 아니함이 없게 됩니다.

天下之物, 皆實理之所爲, 故必得是理, 然後有是物. 所得之理旣盡, 則是物亦盡而無有矣. 故人之心一有不實, 則雖有所爲亦如無有, 而君子必以誠爲貴也. 蓋人之心能無不實, 乃爲有以自成, 而道之在我者亦無不行矣.

25-3 인(仁)과 지(知)

성(誠)은 스스로 자신을 이룰 뿐만 아니라 다른 사물도 이루어줍니다. 자신을 이루는 것은 인(仁)이며, 다른 사물을 이루어주는 것은 지(知)입니다. 본성의 덕(德)은 안으로는 자신과 밖으로는 다른 사물을 합한 도(道)이기 때문에, 때에 알맞게 조처하는 것입니다.

誠者非自成己而已也(성자비자성기이이야), 所以成物也(소이성물야). 成己(성기), 仁也(인야). 成物(성물), 知也(지야). 性之德也(성지덕야), 合外內之道也(합외내지도야), 故時措之宜也(고시조지의야).

성(誠)은 비록 자신을 이루는 것이지만 이미 스스로를 이루면 자연히 다른 사물에게도 미치게 되어, 도(道) 역시 그들에게까지 행해지게 되는 겁니다. 인(仁)은 본체에 존재하며, 지(知)는 그 쓰임이 생기는 것이니, 이는 모두 나의 본성에 견고하게 갖춰진 것으로 안과 밖에서 차이가 없습니다. 이미 자신에게 갖추어져 있으면 다른 사물에도 나타나는 것으로 때에 알맞게 조처하는 것이니, 모두가 마땅히 얻을 수 있는 겁니다.

誠雖所以成己, 然旣有以自成, 則自然及物, 而道亦行於彼矣. 仁者體之存, 知者用之發, 是皆吾性之固有, 而無內外之殊. 旣得於己, 則見於事者, 以時措之, 而皆得其宜也.

이상은 제25장으로 인도(人道)를 말했습니다.

右第二十五章. 言人道也.

제26장　　지극한 진실은 그침이 없다

26-1 지극한 진실

그러므로 지극한 진실은 쉼이 없습니다.

故至誠無息(고지성무식).

이미 허례와 가식이 없기에 자연히 끊어질 틈도 없습니다.

旣無虛假, 自無間斷.

26-2 징험이 나타남

쉼이 없으면 오래하고, 오래하면 징험이 나타나며,

不息則久(불식즉구), **久則徵**(구즉징),

구(久)는 속에서 변하지 않는 영원함이며, 징(徵)은 밖으로 나타남을 뜻합니다.

久, 常於中也. 徵, 驗於外也.

26-3 높고 밝게 됨

징험이 나타나면 더욱더 멀리 가고, 아득히 멀리 가면 드넓고 두터워지며, 드넓고 두터워지면 높고 밝게 됩니다.

徵則悠遠(징즉유원), **悠遠則博厚**(유원즉박후), **博厚則高明**(박후즉고명).

이는 모두 밖에서 징험이 나타날 수 있는 것을 말한 겁니다. 정현(鄭玄)이 말씀한 "지극히 진실한 덕이 사방으로 나타납니다"라고 한 것이 이겁니다. 속에 존재하는 것이 이미 오래되면 밖으로 나타나는 징험이 더욱 아득히 멀어져 끝이 없어집니다. 아득히 멀기 때문에 그 쌓인 것도 광대하게 드넓고 두터워지며, 드넓고 두터워지기 때문에 나타나는 것 또한 높고 커서 밝게 빛나게 됩니다.

此皆以其驗於外者言之. 鄭氏所謂「至誠之德, 著於四方」者是也. 存諸中者旣久, 則驗於外者益悠遠而無窮矣. 悠遠, 故其積也廣博而深厚; 博厚, 故其發也高大而光明.

26-4 만물을 실어주는 이유

드넓고 두터움은 만물을 실어주는 것이며, 높고 밝음은 만물을 덮어주는 것이고, 더욱 오래됨은 만물을 이뤄주는 것입니다.

博厚(박후), **所以載物也**(소이재물야). **高明**(고명), **所以覆物也**(소이복물야). **悠久**(유구), **所以成物也**(소이성물야).

더욱 오래됨은 곧 아득히 멀다는 것인데, 안과 밖을 겸해 말한 겁니다. 본디 아득히 먼 것으로써 높고 두터움을 이루었지만, 높고 두터움 또한 더욱 오래된 것입니다. 이는 성인이 천지와 더불어 그 쓰임이 같음을 말한 겁니다.

悠久, 卽悠遠, 兼內外而言之也. 本以悠遠致高厚, 而高厚又悠久也. 此言聖人與天地同用.

26-5 땅과 하늘의 짝

드넓고 두터움은 땅과 짝이 되며, 높고 밝음은 하늘과 짝이 되고, 더욱 오래됨은 끝이 없는 겁니다.

博厚配地(박후배지), **高明配天**(고명배천), **悠久無疆**(유구무강).

이는 성인이 천지와 본체가 같음을 말한 겁니다.

此言聖人與天地同體.

26-6 이루어지는 것

이와 같은 자는 드러내지 않아도 나타나고, 움직이지 않아도 변하며, 인위적인 함이 없어도 이루어지는 겁니다.

如此者(여차자), **不見而章**(불현이장), **不動而變**(불동이변), **無爲而成**(무위이성).

견(見)은 현으로 읽으며, 의미는 시(示)와 같습니다. 드러내지 않아도 나타난다는 것은 땅과 짝하여 말한 것이며, 움직이지 않아도 변한다는 것은 하늘과 짝하여 말한 것이고, 인위적인 함이 없어도 이루어진다는 것은 끝이 없는 것과 짝하여 말한 겁니다.

見, 音現. 見, 猶示也. 不見而章, 以配地而言也. 不動而變, 以配天而言也. 無爲而成, 以無疆而言也.

26-7 만물의 생성

천지의 도는 한마디 말로써 다할 수 있습니다. 그것이 만물을 이뤄내는 것은 둘이 아니지만(다르지 않지만), 그것이 만물을 생성하는 것은 헤아릴 수가 없습니다.

天地之道(천지가도), **可一言而盡也**(가일언이진야). **其爲物不貳**(기위물불이), **則其生物不測**(즉기생물불측).

이 다음의 문장은 다시 천지로써 지극한 진실은 쉼이 없다는 공용(功用)을 밝힌 겁니다. 천지의 도를 한마디 말로써 다할 수 있다는 것은, 성(誠)이라는 말에 불과할 뿐입니다. 둘이 아님은 진실하기 때문이죠. 진실하기 때문에 쉼이 없고, 생성되는 만물이 너무 많아서 그렇게 되는 까닭을 알 수 없다는 겁니다.

此以下, 復以天地明至誠無息之功用. 天地之道, 可一言而盡, 不過曰誠而已. 不貳, 所以誠也. 誠故不息, 而生物之多, 有莫知其所以然者.

26-8 천지의 도

천지의 도는 드넓고, 두터우며, 드높고, 밝으며, 아득하고, 오래되었습니다.

天地之道(천지지도), **博也**(박야), **厚也**(후야), **高也**(고야), **明也**(명야), **悠也**(유야), **久也**(구야).

천지의 도는 진실해 하나로서 둘이 아니기 때문에 각각 그 성(盛)

함을 다해, 다음 문장에서처럼 만물을 내는 공효가 있음을 말하고
있습니다.

言天地之道, 誠一不貳, 故能各極所盛, 而有下文生物之功.

26-9 하늘이 밝게 빛나는 이유

지금 저 하늘은 밝게 빛나는 많은 것들이 모여 있으니, 그 무궁
(無窮)함에 이르러서는 해와 달과 별들이 매여 있으며 만물을 뒤덮
고 있습니다. 지금 저 땅은 한 줌의 흙이 많이 모인 것이니, 그 드
넓고 두터움에 이르러서는 높은 산들을 싣고서도 무거워하지 않
고, 강물과 바다를 거두어들이고서도 한 방울도 새지 않으면서 만
물을 싣고 있습니다. 지금 저 산은 구구한 돌들이 많이 모인 것이
니, 그 광대함에 이르러서는 풀과 나무가 자라나고 금수(禽獸)들이
살며 보화들이 나오고 있습니다. 지금 저 물은 한 국자의 물이 많
이 모인 것이니, 헤아리지 못함에 이르러서는 큰 자라와 악어와 이
무기와 용과 물고기와 자라들이 살며 재화가 늘어납니다.

今夫天(금부천), 斯昭昭之多(사소소지다), 及其無窮也(급기무궁야),
日月星辰繫焉(일월성신계언), 萬物覆焉(만물부언). 今夫地(금부지), 一
撮土之多(일촬토지다), 及其廣厚(급기광후), 載華嶽而不重(재화악이부
중), 振河海而不洩(진하해이불설), 萬物載焉(만물재언). 今夫山(금부산),
一卷石之多(일권석지다), 及其廣大(급기광대), 草木生之(초목생지), 禽
獸居之(금수거지), 寶藏興焉(보장흥언). 今夫水(금부수), 一勺之多(일작
지다), 及其不測(급기불측), 黿鼉(원타)·蛟龍(교룡)·魚鱉生焉(어별생언),
貨財殖焉(화재식언).

소소(昭昭)는 경경(耿耿)과 같으니 반짝반짝 빛나는 것을 뜻합니다. 이는 그중의 한곳을 가리켜 말한 겁니다. "그 무궁함에 이르러서는"은 제12장의 "그 지극함에 이르러서"와 의미는 같은데, 전체를 들어 말한 겁니다. 진(振)은 거두어들인다는 뜻이며, 권(卷)은 구(區, 구구(區區)하다)라는 의미입니다. 이 네 조항은 모두 그것이 둘도 아니며 쉼도 없음으로 말미암아 성대함을 이루어 만물을 생성하는 의미를 밝힌 겁니다. 그러나 하늘과 땅과 산과 하천이란 실제로 쌓이고 쌓인 이후에야 커진 것은 아닙니다. 이를 읽는 사람은 이러한 말로써 본연의 의미를 해쳐서는 안 됩니다.

昭昭, 猶耿耿, 小明也. 此指其一處而言之. 及其無窮, 猶十二章及其至也之意, 蓋擧全體而言也. 振, 收也. 卷, 區也. 此四條, 皆以發明由其不貳不息以致盛大而能生物之意. 然天·地·山·川, 實非由積累而後大, 讀者不以辭害意可也.

26-10 하늘의 명

『시경』에 이르기를 "하늘의 명이란, 아! 깊고 아득해 그침이 없습니다"라고 했는데, 이는 하늘이 하늘다운 까닭입니다. 또 "아! 어찌 나타나지 않으랴! 문왕의 덕의 순수함이여!"라고 했는데, 이는 문왕이 문왕다운 이유를 말한 것으로 순수함이 또한 그침이 없다는 것입니다.

詩云(시운)「維天之命(유천지명), 於穆不已(어목불이)!」 蓋曰天之所以爲天也(개왈천지소이위천야). 「於乎不顯(어호불현)! 文王之德之純(문왕지덕지순)!」 蓋曰文王之所以爲文也(개왈문왕지소이위문야), 純亦不已(순역불이).

『시경』「주송·유천지명」편입니다. 어(於)는 감탄사이며, 목(穆)은 깊고 아득하다는 뜻입니다. 불현(不顯)은 '어찌 나타나지 않으랴'라는 말과 같습니다. 순(純)은 순일(純一)해 뒤섞임이 없다는 뜻이랍니다. 이를 인용해 "지극한 진실은 쉼이 없다"는 의미를 밝혔습니다. 정자께서 이르기를 "하늘의 도는 그치지 않으며, 문왕이 하늘의 도에 순일해 또한 그치지 않으니, 순일하면 둘이 되지 않고 섞이지도 않으며, 그치지 않으면 앞과 뒤에 끊어질 틈도 없습니다"라고 했습니다.

詩周頌維天之命篇. 於, 歎辭. 穆, 深遠也. 不顯, 猶言豈不顯也. 純, 純一不雜也. 引此以明至誠無息之意. 程子曰:「天道不已, 文王純於天道, 亦不已. 純則無二無雜, 不已則無間斷先後.」

이상은 제26장으로 천도(天道)를 말했습니다.

右第二十六章. 言天道也.

제27장   성인의 도

27-1 성인의 도
위대하구나! 성인의 도(道)여!
大哉(대재)! 聖人之道(성인지도)!
다음 문장의 두 절을 포함해 말한 겁니다.

包下文兩節而言.

27-2 넓고 높은 도

바다같이 넘실대는구나! 만물을 발육시켜 높음이 하늘에까지 다다랐습니다.

洋洋乎(양양호)! **發育萬物**(발육만물), **峻極於天**(준극어천).

준(峻)은 높고 크다는 뜻입니다. 이는 도의 극치가 지극히 커서 밖이 없음을 말한 겁니다.

峻, 高大也. 此言道之極於至大而無外也.

27-3 예의와 위의

넉넉하고 크구나! 예의(禮儀)가 3백 가지이며, 위의(威儀)가 3천 가지입니다.

優優大哉(우우대제)! **禮儀三百**(예의삼백), **威儀三千**(위의삼천).

우우(優優)는 충족해 여유가 있음을 뜻하며, 예의(禮儀)는 예의 강령을, 위의(威儀)는 예의 절목을 의미합니다. 이는 도가 지극히 작은 데까지 적용되어 벗어날 틈이 없음을 말한 겁니다.

優優, 充足有餘之意. 禮儀, 經禮也. 威儀, 曲禮也. 此言道之入於至小而無間也.

27-4 도의 행해짐

그러한 사람을 기다린 뒤에야 도가 행해지는 겁니다.

待其人而後行(대기인이후행).

앞 두 절의 뜻을 총괄해 결론짓고 있습니다.

總結上兩節.

27-5 지극한 덕

그러므로 "진실로 지극한 덕이 아니면, 지극한 도는 이루어지지
않는다"고 했습니다.

故曰苟不至德(고왈구불지덕), **至道不凝焉**(지도불응언).

지극한 덕은 그러한 사람을 말하며, 지극한 도는 앞의 두 절을 가
리켜 말한 겁니다. 응(凝)은 모여들거나 이룬다는 뜻입니다.

至德, 謂其人. 至道, 指上兩節而言也. 凝, 聚也, 成也.

27-6 군자의 덕성

그러므로 군자는 덕성(德性)을 존중하며 배우고 묻는 것(학문)으
로 말미암아 넓고 크게 이루면서도 정밀하고 은미한 것까지도 다
하며, 높고 밝음을 지극히 하면서도 중용(中庸)을 따르면서, 옛것을
익혀 새로운 것을 알며, 두터움을 돈독히 하여 예를 높입니다.

故君子尊德性而道問學(고군자존덕성이도문학), **致廣大而盡精微**(치
광대이진정미), **極高明而道中庸**(극고명이도중용), **溫故而知新**(온고이지
신), **敦厚以崇禮**(돈후이숭례).

존(尊)은 공경한 마음으로 받들어 올린다는 뜻이며, 덕성(德性)
은 자신이 하늘로부터 부여받은 바른 이치이고, 도(道)는 말미암다
를 의미합니다. 온(溫)은 차가워진 음식물을 다시 따뜻하게 데울(심
온燖溫) 때의 온(溫) 자와 같은 뜻이고, 예전에 배웠던 것을 다시 때

에 따라 익힌다는 것이며, 돈(敦)은 더욱 두터이 한다는 의미입니다. 존덕성(尊德性)은 몸속에 마음을 보존해 도체(道體)의 위대함을 다한다는 겁니다. 도문학(道問學)은 지혜를 이루어 도체의 세세한 부분까지 다한다는 겁니다. 이 두 가지는 덕을 닦고 도를 이루는 큰 실마리죠. 한 터럭의 사사로운 뜻으로도 자신을 속이지 않고, 한 터럭의 사사로운 욕심으로도 자신을 얽매이지 않게 하며, 자신이 이미 아는 것을 다시 익히고, 자신이 이미 할 수 있는 것을 두텁게 하는 것, 이는 모두 마음을 몸에서 깨어 있게 하는 '존심(存心)'에 해당합니다. 이치를 분석할 때는 한 터럭만큼이라도 어긋남이 없도록 하고, 일을 처리할 때는 지나치거나 미치지 못하는 오류가 없도록 하며, 이치와 의리로는 날로 자신이 알지 못했던 것을 깨우쳐 가고, 절문(節文, 예절에 관한 규범)으로는 날로 삼가지 못했던 것을 신중하게 하는 것, 이 모두는 '치지(致知)'에 해당합니다. 존심(存心)하지 않고서는 치지(致知)할 수 없지만, 존심(存心) 또한 치지(致知)하지 않을 수 없습니다. 그러므로 이 다섯 구절은 크고 작은 것들이 서로 바탕이 되며, 앞과 뒤가 서로 응하는데, 성현(聖賢)이 덕으로 들어가는 방법을 보여준 것으로 이보다 상세한 것은 없으니, 배우는 사람은 마땅히 온 마음을 다해야 할 것입니다.

尊者, 恭敬奉持之意. 德性者, 吾所受於天之正理. 道, 由也. 溫, 猶燖溫之溫, 謂故學之矣, 復時習之也. 敦, 加厚也. 尊德性, 所以存心而極乎道體之大也. 道問學, 所以致知而盡乎道體之細也. 二者修德凝道之大端也. 不以一毫私意自蔽, 不以一毫私慾自累, 涵泳乎其所已知, 敦篤乎其所已能, 此皆存心之屬也. 析理則不使有毫釐之差, 處事則不使有過不及之謬, 理義則日知其所未知, 節文則日謹其所未謹, 此皆致知之屬也. 蓋非存心無以致知, 而存心者又不可以不致知. 故此五句, 大小相資, 首尾相應, 聖賢所示入德之方, 莫詳於此, 學者宜盡心焉.

27-7 나라에 도가 있으면

이렇기 때문에 윗자리에 있으면서 교만하지 않고 아랫사람이 되어서는 배반하지 않으니, 나라에 도가 있으면 그 말대로 충분히 몸을 일으켜 벼슬길에 나아갈 수 있으며, 나라에 도가 없으면 그 침묵으로 몸을 안주하기에 충분할 겁니다. 『시경』에 이르기를 "이미 밝고 또 지혜로워서 그 몸을 보존합니다"라고 했는데, 그것은 이를 말한 겁니다.

是故居上不驕(시고거상불교), 爲下不倍(위하불배), 國有道其言足以興(국유도기언족이흥), 國無道其默足以容(국무도기묵족이용). 詩曰(시왈):「旣明且哲(기명차철), 以保其身(이보기신)」, 其此之謂與(기차지위여)!

흥(興)은 몸을 일으켜 벼슬길에 나아가는 것을 말합니다. 『시경』「대아·증민」편이랍니다.

興, 謂興起在位也. 詩大雅烝民之篇.

이상은 제27장으로 인도(人道)를 말했습니다.

右第二十七章. 言人道也.

제28장　　주나라의 예법을 따르라

28-1 어리석고 비천한 자

공자께서 말씀하기를 "어리석으면서도 자신만의 방법을 고집하고, 비천하면서도 자기 멋대로 하기를 좋아하는 자가 오늘날의 세상을 살아가면서 옛날의 도를 회복하고자 한다면, 이 같은 자는 재앙이 그 몸에 미치게 될 것입니다"라고 했습니다.

子曰(자왈):「愚而好自用(우이호자용), 賤而好自專(천이호자전), 生乎今之世(생호금지세), 反古之道(반고지도), 如此者(여차자), 災及其身者也(재급기신자야).」

이상은 공자의 말씀인데, 자사께서 인용한 겁니다. 반(反)은 회복한다는 뜻입니다.

以上孔子之言, 子思引之. 反, 復也.

28-2 천자만 할 수 있는 것

천자가 아니면 예(禮)에 관해 의논할 수 없고, 법(法) 또한 제정할 수 없으며, 문자(文字)도 상고할 수 없습니다.

非天子(비천자), 不議禮(불의례), 不制度(불제도), 不考文(불고문).

이 다음의 문장은 자사의 말씀입니다. 예(禮)란 가깝고 멀거나 귀하고 천한 사이에서 서로에게 대하는 신체적인 모습입니다. 도(度)는 품급(品級, 벼슬의 등급)의 제한(制)을 뜻하며, 문(文)은 문자의 명칭입니다.

此以下, 子思之言. 禮, 親疏貴賤相接之體也. 度, 品制. 文, 書名.

28-3 천하에 같은 것

오늘날 천하에는 수레바퀴의 궤도 폭이 같고, 통용되는 글 역시
문자가 같으며, 행동에 있어서도 윤리가 같습니다.

今天下車同軌(금천하차동궤), **書同文**(서동문), **行同倫**(행동륜).

금(今, 오늘날)이란 자사께서 살았던 당시를 말합니다. 궤(軌)는 수
레바퀴 폭의 치수이며, 윤(倫)은 차서(次序, 차례)의 체제를 말한 겁
니다. 이 세 가지가 모두 같다는 것은 천하가 통일되어 있음을 말
한 것이죠.

今, 子思自謂當時也. 軌, 轍跡之度. 倫, 次序之體. 三者皆同, 言天
下一統也.

28-4 예절과 음악을 제정할 수 있는 자

비록 지위가 있을지라도 진실로 덕을 갖추지 못하면 감히 예절
과 음악을 제정할 수 없으며, 비록 덕이 있을지라도 진실로 지위에
오르지 못하면 또한 감히 예절과 음악을 제정할 수 없습니다.

雖有其位(수유기위), **苟無其德**(구무기덕), **不敢作禮樂焉**(불감작례악언).
雖有其德(수유기덕), **苟無其位**(구무기위), **亦不敢作禮樂焉**(역불감작례악언).

정현(鄭玄)께서 말씀하기를 "예절과 음악을 제정할 수 있는 자는
반드시 성인의 덕을 갖추고 천자의 지위에 있어야 함을 말한 겁니
다"라고 했습니다.

鄭氏曰: 「言作禮樂者, 必聖人在天子之位.」

28-5 하나라와 은나라의 예법

공자께서 말씀하시기를 "나는 하나라의 예법을 말할 수는 있으나 기나라가 그것을 증명하기에는 사료가 부족하며, 나는 은나라의 예법을 배웠지만 송나라에만 그 사료가 남아 있고, 나는 주나라의 예법을 배웠는데 오늘날에도 그것을 활용하고 있으니 나는 주나라의 예법을 따를 겁니다"라고 했습니다.

子曰(자왈):「吾說夏禮(오설하례), 杞不足徵也(기불족징야). 吾學殷禮(오학은례), 有宋存焉(유송존언). 吾學周禮(오학주례), 今用之(금용지), 吾從周(오종주).」

이는 또다시 공자의 말씀을 인용한 겁니다. 기(杞)나라는 하나라의 후예이며, 징(徵)은 증명한다는 뜻입니다. 송(宋)나라는 은나라의 후예이죠. 삼대(하夏·은殷·주周라는 세 나라)의 예법에 대해, 공자는 모두 배운 적이 있어 그 뜻을 말할 수는 있지만, 하나라의 예법은 이미 고증할 수 없고, 은나라의 예법은 비록 존재하기는 하지만 당시 세상에서 통용되는 예법이 아니었으며, 오직 주나라의 예법만 그 당시의 왕이 제정한 것으로 공자님의 시대에 통용되고 있었습니다. 공자께서는 지위를 얻지 못했으니, 주나라의 예법을 따를 뿐이었습니다.

此又引孔子之言. 杞, 夏之後. 徵, 證也. 宋, 殷之後. 三代之禮, 孔子皆嘗學之而能言其意; 但夏禮旣不可考證, 殷禮雖存, 又非當世之法, 惟周禮乃時王之制, 今日所用. 孔子旣不得位, 則從周而已.

이상은 제28장입니다. 앞 장의 "아랫사람이 되어서는 법을 어기지 않습니다"라는 뜻을 이어 말한 것이니, 이 또한 인도(人道)에 관한 겁니다.

右第二十八章. 承上章爲下不倍而言, 亦人道也.

제29장　　세 가지 소중한 것

29-1 중요한 세 가지

천하의 왕에게는 세 가지 중요한 것이 있으니, 이를 갖추면 허물이 적을 겁니다.

王天下有三重焉(왕천하유삼중언), **其寡過矣乎**(기과과의호)!

여대림(呂大臨)이 말씀하시기를 "세 가지 중요한 것은 예(禮)를 의론하는 의례(議禮), 법도를 제정하는 제도(制度), 문자를 제정하는 고문(考文)을 말합니다. 오직 천자만이 이를 시행할 수 있으니, 그렇게 하면 나라마다 정사가 다르지 않고, 집집마다 풍속이 다르지 않게 되어 사람마다 허물이 적을 겁니다"라고 했습니다.

呂氏曰: 「三重, 謂議禮·制度·考文. 惟天子得以行之, 則國不異政, 家不殊俗, 而人得寡過矣.」

29-2 믿음이 없으면

상고시대의 것은 비록 좋기는 하나 증거가 없으니, 증거가 없으면 이를 믿지 아니하고, 믿지 않으니 백성들이 따르지 않는 겁니다. 낮은 지위에 있는 자(下焉者)는 비록 뛰어났지만 지위가 높지

않으니, 지위가 높지 않으면 믿지 아니하고, 믿음이 없으면 백성이
따르지 않는 겁니다.

上焉者雖善無徵(상언자수선무징), 無徵不信(무징불신), 不信民弗從
(불신민불종). 下焉者雖善不尊(하언자수선부존), 不尊不信(부존불신), 不
信民弗從(불신민불종).

상언자(上焉者)는 당시의 왕 이전의 사람을 말하는데, 예를 들면
하나라나 상나라의 예법은 비록 좋으나 상고할 수 없는 것과 같습
니다. 하언자(下焉者)는 성인이면서도 낮은 지위에 있는 자를 말하
니, 예를 들면 공자께서는 비록 예법에 있어서는 뛰어나지만 높은
지위를 얻지 못한 것과 같습니다.

上焉者, 謂時王以前, 如夏·商之禮雖善, 而皆不可考. 下焉者, 謂聖
人在下, 如孔子雖善於禮, 而不在尊位也.

29-3 의혹이 없어야

그러므로 군자의 도는, 자신의 몸에 근거해 여러 백성들에게 징
험(徵驗)할 수 있어야 하며, 삼대의 왕에게 상고해도 그릇됨이 없어
야 하고, 세상 천지에 내세워보아도 어긋나지 않아야 하며, 귀신에
게 물어보아도 의심이 없어야 하고, 백 세대 이후에 올 성인을 기
다려도 의혹이 없어야 합니다.

故君子之道(고군자지도), 本諸身(본저신), 徵諸庶民(징저서민), 考諸
三王而不繆(고저삼왕이불무), 建諸天地而不悖(건저천지이불패), 質諸鬼
神而無疑(질저귀신이무의), 百世以俟聖人而不惑(백세이사성인이불혹).

여기서 말한 군자는 천하의 왕을 가리켜 말한 겁니다. 그 도(道)

는 바로 '의례(議禮)·제도(制度)·고문(考文)'의 일입니다. 자신의 몸에 근거함이란 덕을 갖춤이며, 백성들에게 징험함이란 그들이 믿고 따르는가를 징험하는 겁니다. 건(建)이란 세움이니, 여기에 세워두고 저기에 참고해 보는 것이죠. 천지는 도이며, 귀신은 조화의 자취입니다. 백 세대 이후에 올 성인을 기다려도 의혹이 없다는 것은, 이른바 『맹자』 「승문(滕文) 하(下)」에서 언급한 "성인이 다시 태어나도 나의 말을 바꾸지 못합니다"라는 것과 같은 겁니다.

此君子, 指王天下者而言. 其道, 卽議禮·制度·考文之事也. 本諸身, 有其德也. 徵諸庶民, 驗其所信從也. 建, 立也, 立於此而參於彼也. 天地者, 道也. 鬼神者, 造化之迹也. 百世以俟聖人而不惑, 所謂聖人復起, 不易吾言者也.

29-4 하늘과 사람의 이치

귀신에게 물어보아도 의심이 없다는 것은 하늘의 이치를 아는 것이며, 백 세대 이후에 올 성인을 기다려도 의혹이 없다는 것은 사람의 이치를 아는 겁니다.

質諸鬼神而無疑(질저귀신이무의), **知天也**(지천야). **百世以俟聖人而不惑**(백세이사성인이불혹), **知人也**(지인야).

하늘과 사람을 안다는 것은 그 이치를 아는 것입니다.

知天知人, 知其理也.

29-5 군자의 거동

이렇기 때문에 군자의 거동은 대대로 천하의 도(道)가 되며, 행하면 대대로 천하의 법(法)이 되고, 말하면 대대로 천하의 준칙(準則)이 되는 것입니다. 멀리서는 그를 우러러보며, 가까이에서는 싫어하지 않는 겁니다.

是故君子動而世爲天下道(시고군자동이세위천하도), 行而世爲天下法(행이세위천하법), 言而世爲天下則(언이세위천하칙). 遠之則有望(원지즉유망), 近之則不厭(근지즉불염).

동(動)은 말과 행실을 겸해 말한 것이며, 도(道)는 법과 준칙을 겸해 말한 겁니다. 법(法)은 법도를, 칙(則)은 준칙(準則)을 의미합니다.

動, 兼言行而言. 道, 兼法則而言. 法, 法度也. 則, 準則也.

29-6 영예로움을 누린 자

『시경』에 이르기를 "저곳에 머물러도 미워함이 없고, 이곳에 머물러도 싫어함이 없습니다. 거의 밤낮으로 길이길이 영예로움으로 마치리라"라고 했습니다. 군자가 이와 같이 하지 않고서 일찍이 천하에 영예로움을 누린 자는 있지 않았습니다.

詩曰(시왈):「在彼無惡(재피무오), 在此無射(재차무역), 庶幾夙夜(서기숙야), 以永終譽(이영종예)!」君子未有不如此而蚤有譽於天下者也(군자미유불여차이조유예어천하자야).

『시경』「주송·진로」편입니다. 사(射)는 싫어한다는 뜻입니다. 이른바 이것(未有不如此而蚤有譽於天下者也)은 '본저신(本諸身)' 이하의 여섯 가지 일을 가리켜 말한 겁니다.

詩周頌振鷺之篇. 射, 厭也. 所謂此者, 指本諸身以下六事而言.

이상은 제29장입니다. 앞 장의 "윗자리에 있으면서 교만하지 않습니다"라는 뜻을 이어서 말한 것이니, 이 또한 인도(人道)를 말한 겁니다.

右第二十九章. 承上章居上不驕而言, 亦人道也.

제30장 　천도(天道)를 이어받음

30-1 법도의 계승

공자께서는 멀리는 요임금과 순임금의 도를 종조(宗祖)로 이어받고, 가깝게는 문왕과 무왕의 법을 지켜왔으며, 위로는 하늘의 운행을 본받고, 아래로는 일정한 사계의 이치를 따랐습니다.

仲尼祖述堯舜(중니조술요순), **憲章文武**(헌장문무), **上律天時**(상율천시), **下襲水土**(하습수토).

조술(祖述)이란 도를 조종(祖宗)으로 여겼다는 것이며, 헌장(憲章)은 그 법을 지켰다는 것입니다. 율천시(律天時)란 대자연의 운행을 본받는 것이며, 습수토(襲水土)는 일정한 이치를 따른다는 것이니, 이는 모두 안과 밖을 겸하고 근본과 말단을 갖추어 말한 겁니다.

祖述者, 遠宗其道. 憲章者, 近守其法. 律天時者, 法其自然之運. 襲水土者, 因其一定之理. 皆兼內外該本末而言也.

30-2 하늘과 땅이 지지해 주니

비유하자면 하늘과 땅이 지지해 주고 실어주지 않음이 없고, 덮어주고 감싸주지 않음이 없는 것과 같습니다. 또 비유하자면 사계절(四時)이 번갈아 운행하는 것과 같고, 해와 달이 교대로 밝혀주는 것과 같습니다.

辟如天地之無不持載(벽여천지지무부지재), 無不覆幬(무불복주), 辟如四時之錯行(벽여사시지착행), 如日月之代明(여일월지대명).

착(錯)은 질(迭, 교대하다)과 같은 뜻으로, 이는 성인의 덕을 말한 겁니다.

錯, 猶迭也. 此言聖人之德.

30-3 천지가 크게 된 이유

만물은 함께 자라면서도 서로 해치지 않으며, 도는 함께 행해져도 서로 어그러지지 않고, 작은 덕은 작은 하천의 흐름과 같으며, 큰 덕은 커다란 조화이니, 이는 천지가 크게 된 이유입니다.

萬物竝育而不相害(만물병육이불상해), 道竝行而不相悖(도병행이불상패), 小德川流(소덕천류), 大德敦化(대덕돈화), 此天地之所以爲大也(차천지지소이위대야).

패(悖)는 어긋나다는 뜻입니다. 하늘은 덮어주고 땅은 실어주니, 만물은 그 사이에서 함께 자라면서도 서로 해치지 않으며, 사계절과 해와 달이 번갈아 운행하며 교대로 밝혀주면서도 서로 어그러지지 않습니다. 해치지도 않고 어그러지지도 않는 것은 냇물처럼 흐르는 작은 덕이며, 함께 자라고 나란히 운행하는 것은 그 조화가 두터운 큰 덕입니다. 작은 덕은 전체의 일부분이며, 큰 덕은 모든 것의 근본입니다. 천류(川流)란 하천의 흐름과 같이 맥락이 분명해 쉼 없이 흘러나오는 것이며, 돈화(敦化)란 그 조화가 두터워서 근본이 성대하므로 끝없이 나오는 겁니다. 이는 천지의 도를 말하며, 앞글에서 비유한 것의 의미를 나타낸 겁니다.

悖, 猶背也. 天覆地載, 萬物並育於其間而不相害. 四時日月, 錯行代明而不相悖. 所以不害不悖者, 小德之川流. 所以並育並行者, 大德之敦化. 小德者, 全體之分. 大德者, 萬殊之本. 川流者, 如川之流, 脈絡分明而往不息也. 敦化者, 敦厚其化, 根本盛大而出無窮也. 此言天地之道, 以見上文取辟之意也.

이상은 제30장으로 천도(天道)를 말한 겁니다.

右第三十章. 言天道也.

제31장　　지극한 성인

31-1 총명과 예지

오직 천하의 지극한 성인만이 귀 밝고 눈 밝고 슬기롭고 지혜로울 수 있어 천하에 군림하기에 넉넉하며, 너그럽고 여유 있고 온화하고 부드러울 수 있어 포용하기에 넉넉하고, 분발하고 힘차고 굳세고 꿋꿋할 수 있어 집행하기에 넉넉하며, 가지런하고 씩씩하고 중도를 지키며 바를 수 있어 공경받기에 넉넉하고, 문장과 조리로 상세하게 잘 살필 수 있어 사물을 분별하기에 넉넉합니다.

唯天下至聖(유천하지성), 爲能聰明睿知(위능총명예지), 足以有臨也(족이유림야). 寬裕溫柔(관유온유), 足以有容也(족이유용야). 發强剛毅

(발강강의), **足以有執也**(족이유집야), **齊莊中正**(제장중정), **足以有敬也**
(족이유경야), **文理密察**(문리밀찰), **足以有別也**(족이유별야).

총명예지(聰明睿知)는 태어나면서부터 아는 성인의 자질입니다.
임(臨)은 윗자리에 있으면서 낮은 자리를 굽어 임하는 것을 말합니
다. 그 아래의 네 가지는 곧 인의예지(仁義禮知)의 덕이죠. 문(文)은
문장을 뜻하며, 리(理)는 조리를, 밀(密)은 상세함을, 찰(察)은 명확
히 살핌을 의미합니다.

聰明睿知, 生知之質. 臨, 謂居上而臨下也. 其下四者, 乃仁義禮知
之德. 文, 文章也. 理, 條理也. 密, 詳細也. 察, 明辯也.

31-2 넓고 깊은 근원
두루두루 넓고 깊은 근원이 있기에 시시때때로 나오는 겁니다.
溥博淵泉(부박연천), **而時出之**(이시출지).

부박(溥博)이란 두루두루 넓음이며, 연천(淵泉)은 고요하고 깊어 근
본이 있다는 것이고, 출(出)은 밖으로 나타남입니다. 이 다섯 가지 덕
이 마음속에 가득히 쌓여 시시때때로 밖으로 나타남을 말한 겁니다.

溥博, 周徧而廣闊也. 淵泉, 靜深而有本也. 出, 發見也. 言五者之
德, 充積於中, 而以時發見於外也.

31-3 하늘과 연못 같은 성인
두루두루 넓음은 하늘과 같고, 깊은 근원은 연못과 같습니다. 나
타나면 백성들은 공경하지 않는 이가 없고, 말하면 백성들은 믿지
않은 이가 없으며, 행하면 백성들은 기뻐하지 않는 이가 없습니다.

溥博如天(부박여천), 淵泉如淵(연천여연). 見而民莫不敬(현이민막불경), 言而民莫不信(언이민막불신), 行而民莫不說(행이민막불열).

내면에 가득 쌓인 것이 지극히 성대해 밖으로 나타난 것이 적당히 올바름을 말한 겁니다.

言其充積極其盛, 而發見當其可也.

31-4 하늘과 짝하다

이 때문에 명성이 나라 안에 넘쳐나 남방과 북방의 오랑캐 나라에까지 베풂이 미쳐, 배와 수레가 이를 수 있는 곳, 사람의 힘이 통하는 곳, 하늘이 덮어주는 곳, 땅이 실어주는 곳, 해와 달이 비춰주는 곳, 서리와 이슬이 내리는 곳에 혈기 있는 자라면 모두가 존경하고 가까이하지 않음이 없으니, 그러므로 하늘과 짝했다고 말합니다.

是以聲名洋溢乎中國(시이성명양일호중국), 施及蠻貊(시급만맥). 舟車所至(주차소지), 人力所通(인력소통). 天之所覆(천지소부), 地之所載(지지소재), 日月所照(일월소조). 霜露所隊(상로소대). 凡有血氣者(범유혈기자), 莫不尊親(막불존친), 故曰配天(고왈배천).

"배와 수레가 갈 수 있는 곳" 이하의 문장은 지극함으로 말한 겁니다. 하늘과 짝했다고 하는 것은 그의 덕이 다다른 것이 하늘처럼 넓고 큼을 말한 것이죠.

舟車所至以下, 蓋極言之. 配天, 言其德之所及, 廣大如天也.

이상은 제31장입니다. 앞장에 이어서 "작은 덕은 냇물같이 흐름"을 말한 것이니, 이 또한 천도(天道)입니다.

右第三十一章. 承上章而言小德之川流, 亦天道也.

제32장 　　지극히 진실한 사람

32-1 어디에도 의지함 없이

오직 천하에 지극히 진실한 사람만이 천하의 큰 법을 다스릴 수 있으며, 천하의 대본(大本, 본성의 전체)을 세울 수 있고, 천지의 화육(化育)을 알 수 있습니다. 그러니 어찌 의지하는 것이 있겠습니까?

唯天下至誠(유천하지성), 爲能經綸天下之大經(위능경륜천하지대경), 立天下之大本(입천하지대본), 知天地之化育(지천지지화육). 夫焉有所倚(부언유소의)?

경륜이란 모두 실마리를 다스리는 일인데, 경(經)은 그 실마리를 다스려 나누는 것이며, 륜(綸)은 그것을 종류별로 견주어 합하는 것입니다. 경(經)은 떳떳함이니, 대경(大經)은 오품(오륜五倫이나 오상五常)의 인륜입니다. 대본(大本)은 본성의 전체를 말한 겁니다. 오직 성인의 덕만이 지극히 진실하고 망령됨이 없기 때문에 인륜에 있어 마땅한 실상을 각각 다해 천하 후세의 법이 되니, 이른바 경륜이라는 겁니다. 그 본성의 전체에 한 터럭만큼이라도 거짓된 인욕(人慾)이 섞이지 않아야 천하의 도의 온갖 변화가 모두 이를 통해 나오니, 이른바 근본을 세우는 일입니다. 천지의 화육(化育)에 있어서도 또한 지극히 진실하고 망령됨이 없는 자가 묵묵히 부합(符合)하니, 이는 비단 듣거나 보고서 아는 것이 아닙니다. 이는 모두 지극히 진실하고 망령됨이 없는 자연스러운 공효(功效)이며 쓰임이니, 어찌 다른 사물에 의지해 할 수 있는 일이겠습니까?

經綸, 皆治絲之事. 經者, 理其緒而分之. 綸者, 比其類而合之也. 經, 常也. 大經者, 五品之人倫. 大本者, 所性之全體也. 惟聖人之德極誠無妄, 故於人倫各盡其當然之實, 而皆可以爲天下後世法, 所謂經綸之也. 其於所性之全體, 無一毫人欲之僞以雜之, 而天下之道千變萬化皆由此出, 所謂立之也. 其於天地之化育, 則亦其極誠無妄者有默契焉, 非但聞見之知而已. 此皆至誠無妄, 自然之功用, 夫豈有所倚著於物而後能哉?

32-2 지극한 어짊

간절하고도 지극한 그 어짊(仁)이여! 고요하고 깊은 그 연못이여! 드넓고 큰 그 하늘이여!

肫肫其仁(순순기인)! 淵淵其淵(연연기연)! 浩浩其天(호호기천)!

순순(肫肫)은 간절하고 지극한 모양이니 경륜(經綸)으로 말한 겁니다. 연연(淵淵)은 고요하고 깊은 모양이니 근본을 세우는 것으로 말한 것이죠. 호호(浩浩)는 드넓고 큰 모양이니 화육(化育)을 아는 것으로 말한 것이랍니다. 그 연못이고 그 하늘이면 그와 같을 뿐만은 아닐 겁니다.

肫肫, 懇至貌, 以經綸而言也. 淵淵, 靜深貌, 以立本而言也. 浩浩, 廣大貌, 以知化而言也. 其淵其天, 則非特如之而已.

32-3 하늘의 덕을 통달한 자

진실로 귀 밝고 눈 밝고 성스러운 지혜로 하늘의 덕을 통달한 자가 아니라면 그 누가 그를 알아보겠습니까?

苟不固聰明聖知達天德者(구불고총명성지달천덕자), **其孰能知之**(기숙 능지지)?

고(固)는 진실(實)과 같은 의미입니다. 정현(鄭玄)께서 말씀하기를 "오직 성인만이 성인을 알아볼 수 있습니다"라고 했습니다.

固, 猶實也. 鄭氏曰:「唯聖人能知聖人也.」

이상은 제32장입니다. 앞 장을 이어 큰 덕의 돈화(敦化)를 말했으니 또한 천도(天道)입니다. 앞 장에서는 지극한 성인의 덕을 말했고, 이 장에서는 지극히 진실한 도를 말했습니다. 그러나 지극히 진실한 도는 지극한 성인이 아니면 알 수가 없고, 지극한 성인의 덕은 지극히 진실한 자가 아니면 할 수 없는 일이니, 이 또한 둘이 아닙니다. 이 책 『중용(中庸)』에서 성인과 천도(天道)의 극치를 말하면서 여기에 이르렀으니 더 이상 첨가할 말이 없습니다.

右第三十二章. 承上章而言大德之敦化, 亦天道也. 前章言至聖之德, 此章言至誠之道. 然至誠之道, 非至聖不能知; 至聖之德, 非至誠不能爲, 則亦非二物矣. 此篇言聖人天道之極致, 至此而無以加矣.

▌제33장　　시경(詩經)의 말씀

33-1 군자와 소인의 도

『시경』에 이르기를 "비단옷을 입고서 홑옷을 덧입습니다"라고 했는데, 그것은 비단옷의 화려함이 드러나는 것을 싫어하기 때문입

니다. 그러므로 군자의 도는 어렴풋하면서도 날로 빛나며, 소인의
도는 처음에는 뚜렷하다가 날로 사그라집니다. 군자의 도는 담박
하면서도 싫지 않으며, 간결하면서도 화려하고, 온화하면서도 조
리가 있으며, 멀리 있는 것도 가까이 있는 것에서 비롯됨을 알고,
밖으로 드러나는 풍채도 내면으로부터 비롯됨을 알며, 내면의 은
미한 것이 몸 밖으로 나타남을 알고 있으니, 그와 더불어 덕으로
들어갈 수 있는 겁니다.

詩曰(시왈):「衣錦尙絅(의금상경)」, 惡其文之著也(오기문지저야). 故
君子之道(고군자지도), 闇然而日章(암연이일장). 小人之道(소인지도),
的然而日亡(적연이일망). 君子之道(군자지도). 淡而不厭(담이불염), 簡
而文(간이문), 溫而理(온이리), 知遠之近(지원지근), 知風之自(지풍지
자), 知微之顯(지미지현), 可與入德矣(가여입덕의).

앞 장에서는 성인의 덕이 그 성대함을 다했다고 말했습니다. 여
기에서는 다시 처음 배우는 사람의 초심으로 말하고, 다음 문장에
서 또한 이를 추론하면서 그 지극함을 다하고 있습니다. 이 시(詩)
는 『시경·국풍』의 「위석인(衛碩人)」과 「정지봉(鄭之丰)」편이며, 모두
"의금경의(衣錦褧衣)"로 기술되어 있습니다. 경(褧)은 경(絅)과 같으
며, 홑옷을 의미하고, 상(尙)은 덧입는다는 의미입니다. 옛날의 학
자는 자신의 몸가짐을 위해 그 마음가짐이 이와 같았습니다. 홑옷
을 덧입기 때문에 은은하고 비단옷을 안에 입었기 때문에 날로 빛
나는 실상이 있었습니다. 담박하고 간결하며 온화한 것은 홑옷을
덧입었기 때문이며, 싫어하지 않으면서도 화려하고 조리가 있는
것은 비단옷의 아름다움이 안에 있기 때문입니다. 소인은 이와는

반대이므로 밖으로 드러나 보이지만 내실도 없이 이어나가기 때문에 처음엔 뚜렷하다가 날로 사그라지는 겁니다. 원지근(遠之近)은 저기에 나타난 것이 여기에서 말미암은 것이라는 의미입니다. 풍지자(風之自)는 밖으로 드러난 것은 내심에 근본한 것이라는 뜻이랍니다. 미지현(微之顯)은 내면에 있는 것이 밖으로 드러남을 의미합니다. 자신의 몸가짐을 위한 마음가짐이 있으면서 또한 이 세 가지를 알면 삼가야 할 바를 알아 덕으로 들어갈 수 있습니다. 그러므로 다음 문장에서는 『시경』을 인용해 '근독(謹獨)'의 일을 말하고 있습니다.

前章言聖人之德, 極其盛矣. 此復自下學立心之始言之, 而下文又推之以至其極也. 詩國風衛碩人·鄭之丰, 皆作「衣錦褧衣.」褧·絅同. 禪衣也. 尙, 加也. 古之學者爲己, 故其立心如此. 尙絅故闇然, 衣錦故有日章之實. 淡·簡·溫, 絅之襲於外也; 不厭而文且理焉, 錦之美在中也. 小人反是, 則暴於外而無實以繼之, 是以的然而日亡也. 遠之近, 見於彼者由於此也. 風之自, 著乎外者本乎內也. 微之顯, 有諸內者形諸外也. 有爲己之心, 而又知此三者, 則知所謹而可入德矣. 故下文引詩言謹獨之事.

33-2 사람들이 보지 못하는 곳

『시경』에 이르기를 "비록 보이지 않는 곳에 몸을 숨겨도 아주 밝게 드러납니다"라고 했습니다. 그러므로 군자는 자신의 내면을 반성해 잘못을 없애고 양심에 수치스러움이 없게 합니다. 군자가 미칠 수 없는 곳이란 오직 사람들이 보지 못하는 곳입니다.

詩云(시운): 「潛雖伏矣(잠수복의), 亦孔之昭(역공지소)!」故君子內省不疚(고군자내성불구), 無惡於志(무오어지). 君子之所不可及者(군자지소불가급자), 其唯人之所不見乎(기유인지소불견호).

『시경·소아』의 「정월」편입니다. 앞글을 이어서 "은미한 것보다 더 잘 드러나는 것은 없으며, 미세한 것보다 더 뚜렷한 것은 없음"을 말했습니다. 구(疚)는 병폐라는 뜻입니다. '무오어지(無惡於志)'는 '마음에 부끄러움이 없다'는 말과 같으며, 이는 군자가 혼자만 아는 마음을 삼가는 일입니다.

詩小雅正月之篇. 承上文言「莫見乎隱·莫顯乎微」也. 疚, 病也. 無惡於志, 猶言無愧於心, 此君子謹獨之事也.

33-3 존경받는 군자

『시경』에 이르기를 "그대가 방에 있는 것을 살펴보니, 오히려 방 한구석에 있으면서도 부끄러워하지 않는구나"라고 했습니다. 그러므로 군자는 움직이지 않아도 존경받으며, 말하지 않아도 신뢰받는 겁니다.

詩云(시운): 「相在爾室(상재이실), 尙不愧於屋漏(상불괴어옥루).」故君子不動而敬(고군자불동이경), 不言而信(불언이신).

『시경·대아』의 「억(抑)」편이며, 상(相)은 살펴본다는 의미입니다. 옥루(屋漏)는 방의 서북쪽 귀퉁이를 말하는 겁니다. 앞글을 이어서 군자는 경계하고 삼가며 두려워하되 때에 따라서 그러하지 않음이 없어야 함을 말하며, 말과 행동을 기다리지 않고서도 존경받는다는 믿음이 있으면 자신을 위한 공부가 더욱 정밀하게 된다는 점을 말하고 있습니다. 그러므로 다음 문장에서도 『시경』을 인용해 아울러 그 효험을 말하고 있습니다.

詩大雅抑之篇. 相, 視也. 屋漏, 室西北隅也. 承上文又言君子之戒謹恐懼, 無時不然, 不待言動而後敬信, 則其爲己之功益加密矣. 故下文引詩幷言其效.

33-4 격려와 위협

『시경』에 이르기를 "신위 앞에 나아가 강림케 할 때 말이 없으니, 그때에는 다툼도 없구나"라고 했습니다. 그러므로 군자가 상을 내리지 않아도 백성들에게 격려가 되고, 화를 내지 않아도 백성들에게는 작두와 도끼보다 더 위협적입니다.

詩曰(시왈): 「奏假無言(주가무언), 時靡有爭(시미유쟁).」是故君子不賞而民勸(시고군자불상이민권), 不怒而民威於鈇鉞(불노이민위어부월).

『시경·상송』의 「열조」편입니다. 주(奏)는 나아간다는 뜻입니다. 앞글을 이어서 마침내 그 공효까지 언급하고 있습니다. 신위에 나아가 신명을 감격시킬 즈음에 정성과 공경하는 마음을 극진히 하여 말하지 않아도 사람 스스로가 감화되는 것을 말한 겁니다. 위(威)는 두려움이며, 부(鈇)는 작두, 월(鉞)은 도끼를 의미합니다.

詩商頌烈祖之篇. 奏, 進也. 承上文而遂及其效, 言進而感格於神明之際, 極其誠敬, 無有言說而人自化之也. 威, 畏也. 鈇, 莝斫刀也. 鉞, 斧也.

33-5 천하의 화평

『시경』에 이르기를 "드러내지 않은 덕을 모든 제후가 본받는구나"라고 했습니다. 이 때문에 군자가 돈독하고 공손하면 천하가 화평해진다고 본 겁니다.

詩曰(시왈): 「不顯惟德(불현유덕), 百辟其刑之(백벽기형지).」 是故君子篤恭而天下平(시고군자독공이천하평).

『시경·주송』의 「열문」편입니다. '불현(不顯)'에 대해서는 제26장에서 설명했습니다. 여기서는 시를 인용해 그윽하고 깊으며 현묘하고 원대한 뜻을 나타낸 겁니다. 앞글을 이어서 천자가 드러내지 않은 덕을 갖추면 제후가 본받으니, 그 덕이 깊으면 깊을수록 그 공효가 더욱더 원대해짐을 말한 겁니다. 독(篤)은 도타움이며, 독공(篤恭)은 드러내지 않은 공경을 말합니다. 돈독하고 공손하면 천하가 화평해진다는 것은 곧 성인의 지극한 덕이 깊고 은미해 자연스럽게 감응하는 것이니, 『중용(中庸)』의 지극한 공효입니다.

詩周頌烈文之篇. 不顯, 說見二十六章, 此借引以爲幽深玄遠之意. 承上文言天子有不顯之德, 而諸侯法之, 則其德愈深而效愈遠矣. 篤, 厚也. 篤恭, 言不顯其敬也. 篤恭而天下平, 乃聖人至德淵微, 自然之應, 中庸之極功也.

33-6 하늘의 일

『시경』에 이르기를 "나는 밝은 덕을 품었으니 얼굴빛으로 큰 소리도 내지 않는구나"라고 했습니다. 공자께서 이르시길 "음성과 얼굴빛은 백성을 교화시킴에 있어 하찮은 것입니다"라고 했습니

다. 또 『시경』에 이르기를 "덕은 가볍기가 터럭과 같습니다"라고
했는데, 터럭은 윤리가 있는 것과 같습니다. "하늘 위의 일에는 소
리도 없고 냄새도 없구나"라고 했으니, 참으로 지극한 일입니다!

詩云(시운): 「予懷明德(여회명덕), 不大聲以色(불대성이색).」子曰(자
왈): 「聲色之於以化民(성색지어이화민), 末也(말야).」詩曰(시왈): 「德輶
如毛(덕유여모).」毛猶有倫(모유유륜). 「上天之載(상천지재), 無聲無臭
(무성무취).」至矣(지의)!

『시경』「대아·황의」편입니다. 이것을 인용해 윗글의 이른바 '불
현지덕(不顯之德)'은 바로 음성과 얼굴빛을 대단치 않게 여김을 밝
힌 겁니다. 또 공자님의 말씀을 인용해 "음성과 얼굴빛은 백성을
교화시키는 데 있어 하찮은 일인데, 이제 다만 대단치 않게 여긴다
고 말했을 뿐입니다. 그렇다면 이것도 오히려 음성과 얼굴빛이 있
는 것이어서 '불현(不顯)'의 묘함을 형용하기에는 충분하지 못합니
다. '증민(烝民)'이라는 시에서 말한 '덕은 가볍기가 터럭과 같습니
다'라고 한 것만 못하니, 이렇게 말하면 거의 형용했다고 할 수 있
습니다"라고 말한 겁니다. 또 스스로 이르기를 "터럭이라고 하면
오히려 비교할 만한 것이 있으니, 이 또한 묘함을 다하진 못한 겁
니다. 문왕의 시에서 말한 '상천(上天)의 일은 소리도 없고 냄새도
없구나'라고 한 것만 못하니, 이렇게 표현한 후에야 '불현(不顯)'의
덕을 지극히 형용한 것이 됩니다. 소리와 냄새는 기운만 있고 형
체는 없어서 사물에 있어 가장 미묘한 것인데도 오히려 없다"라고
말했습니다. 그러므로 오직 이 말이 '불현독공(不顯篤恭)'의 묘함을
형용할 수 있는 것이니, 이 덕(德) 이외에 별도로 이 세 가지 등급이

있은 뒤에야 지극함이 되는 것은 아닙니다.

詩大雅皇矣之篇. 引之以明上文所謂不顯之德者, 正以其不大聲與色也. 又引孔子之言, 以爲聲色乃化民之末務, 今但言不大之而已, 則猶有聲色者存, 是未足以形容不顯之妙. 不若烝民之詩所言「德輶如毛」, 則庶乎可以形容矣, 而又自以爲謂之毛, 則猶有可比者, 是亦未盡其妙. 不若文王之詩所言「上天之事, 無聲無臭.」然後乃爲不顯之至耳. 蓋聲臭有氣無形, 在物最爲微妙, 而猶曰無之, 故惟此可以形容不顯篤恭之妙. 非此德之外, 又別有是三等, 然後爲至也.

이상은 제33장입니다. 자사께서 앞 장의 극치의 말씀을 받들어 그 근본을 되찾아, 다시 하학(下學, 학문을 처음 배우는 초학자)이 자신을 위한 학문을 하고, 독공(篤恭, 인정이 많고 공손함)을 차차 이르게 함으로써 천하의 화평이 성대해지게 하려는 겁니다. 또 묘함을 칭찬하시어 소리도 없고 냄새도 없는 경지에 이른 뒤에야 그만두셨으니, 이는 이 책의 요점을 들어 요약해 말한 겁니다. 반복하고 추측해 사람들에게 보여주신 뜻이 지극히 깊고 간절하니, 배우는 사람이 마음을 다하지 않을 수 있겠습니까!

右第三十三章. 子思因前章極致之言, 反求其本, 復自下學爲己謹獨之事, 推而言之, 以馴致乎篤恭而天下平之盛. 又贊其妙, 至於無聲無臭而後已焉. 蓋擧一篇之要而約言之, 其反復丁寧示人之意, 至深切矣, 學者其可不盡心乎!

한자어원풀이

慎獨(신독) 이란 홀로 있을 때도 조심한다는 뜻으로, 『중용(中庸)』제
1장의 "은밀한 곳보다 더 잘 드러나는 것은 없고, 미세한 것보다
더 뚜렷하게 나타나는 것은 없습니다. 그러므로 군자는 그 홀로 있
음에도 조심하는 겁니다"라는 대목에서 유래했습니다.

삼갈 慎(신) 은 마음 심(忄)과 참 진(眞)으로 구성되었는데, 마음(心)의
또 다른 표현인 忄(심)은 몸의 한가운데에 위치한 심장을 본뜬 것
으로 옛사람들은 마음작용을 일으키는 주된 역할을 오장 중 심장
이 하는 것으로 보았습니다. 이러한 心(심)은 놓이는 위치에 따라
자형의 좌변에서는 忄(심), 자형의 하부에서는 心(심)과 小(심)으로
쓰이고 있는데 마음작용과 관련이 깊습니다. 참 眞(진)은 비수 비
(匕)와 솥 정(鼎)의 생략형으로 이루어져 있습니다. 匕(비)는 비수나
화살촉을 뜻하기도 하지만 보통 밥을 먹는 데 사용하는 도구인 숟
가락(柶사, 匙시)이나 국자 등의 뜻으로 쓰입니다. 鼎(정)에 대해 한
나라의 학자 허신은 "세 개의 발과 두 귀가 달린 것으로 다섯 가지
맛을 조화롭게 하는 보배로운 그릇을 말한다. 나무를 쪼개서 불을
때는 모양을 본떴다"라고 했죠. 갑골문이나 금문에도 세 개의 발과
두 귀가 달린 솥의 형태로 그려져 있는데, 그 용도는 주로 조상신

이나 천제를 지낼 때 사용하는 제기(祭器)라 할 수 있습니다. 따라서 眞(진)의 전체적인 의미는 하늘이나 조상신에게 제사를 지낼 때는 먼저 제관이 솥(鼎) 안에 담긴 음식이 신에게 바쳐도 괜찮을지 수저나 국자(匕)를 이용해 맛을 보는데, 이때는 삿된 생각이 없는 참된 마음으로 신중을 기울여야 한다는 뜻이 담겨 있습니다. 그래서 '참'이나 '진실'의 뜻이 생겨났고, 그러한 마음상태를 일러 삼가 진실된 마음(愼, 신중할 신)이라 했습니다.

홀로 獨(독) 은 큰 개 견(犭)과 누에 촉(蜀)으로 구성되었습니다. 犭(견)은 개의 모양을 상형한 犬(견)의 간략형으로 주로 자형의 좌변에 놓입니다. 蜀(촉)은 누에의 상형(罒)과 고치에 싸인(勹) 번데기(虫)를 의미합니다. 獨(독) 자는 이 두 동물의 식생과 관련해 그 뜻을 지니게 되었답니다. 즉 큰 개(犭)와 누에(蜀)는 먹이를 주면 오직 혼자만 먹으려 하기 때문에 적당한 거리를 유지시키며 '홀로' 떼어놓아야 별탈이 없다는 데서 '홀로', '홀몸'을 뜻하게 되었습니다.

道不遠人(도불원인) 이란 도란 인간에게서 멀리 떨어져 있지 않다는 뜻으로, 『中庸(중용)』 제13장에서 유래했습니다. 그 내용을 살펴보면 "공자께서 말씀하시기를 도란 사람에게서 멀리 떨어져 있지 않습니다. 사람이 도를 닦는다고 하면서 사람을 멀리하면 그것은 진정 도를 닦는다고 여길 수 없습니다"라고 했습니다. 주희는 이에 대한 주석에서 "도(道)는 본성을 따를 뿐이니, 진실로 여러 사람이 알 수 있고 행할 수 있는 것이기 때문에 항상 사람에게서 멀리 떨어져 있지 않습니다. 만약 도(道)를 행하는 자가 비천하고 알기 쉬운 것을 싫어해 별 볼일 없다고 생각한 나머지, 도리어 고차원적이고 심원해 행하기도 어려운 일에만 힘쓴다면 이는 도라고 생각할 수 없을 겁니다"라고 했습니다. 삶의 지침이 되는 도(道)는 외딴 산골과 같이 멀리 있는 게 아니라 우리 일상의 삶 속에서 닦아야 함을 말한 겁니다.

길 道(도) 는 쉬엄쉬엄 갈 착(辶)과 머리카락과 이마 그리고 코(自)를 그려낸 머리 수(首)로 짜였습니다. 머리(首)를 앞세우고 재촉하지도 않고 천천히 발걸음(辶)을 앞으로 내딛는 게 바로 道(도)의 의미이죠. 일반적으로 말하는 통행하는 길이라는 의미로도 쓰이지만 모든 개체가 본능적으로 가야 할 운명적인 '길'이라는 의미도 있습니다. 그래서 각자가 가야 할 운명적인 길을 말할 때는 道(도)라고 합니다. 따라서 "道(도)를 닦는다"고 할 때는 자신의 영성(靈性)을 맑고 밝게 해 보다 나은 마음의 영역을 넓히는 것이며, 그 길은 오가는 것이 아니라 계속 앞으로만 나아가야 합니다.

아닐 不(불) 의 갑골문을 보면 '나무뿌리'와 같은 모양이지만, 허신이 『설문해자』에서 "不은 새가 하늘로 날아올라가 땅으로 내려오지 않는다는 뜻입니다. 一(일)로 구성되었으며, 一(일)은 하늘을 뜻하며 상형글자입니다"라고 한 이래 '하늘로 날아가 내려오지 않은 새'로 해석하는 게 일반적입니다. 그래서 부정을 뜻하는 '아니다'라는 부사로 가차되어 쓰이고 있습니다.

멀 遠(원) 은 쉬엄쉬엄 갈 착(辶)과 옷 길 원(袁)으로 구성되었습니다. 辶(착)은 또 다른 자형인 辵(착)과 같은 뜻을 지니고 있는데, 다닐 행(行)의 생략형인 彳(척)과 발의 상형인 止(지)로 짜여 길거리(行)를 걸어간다(止)는 뜻을 지니게 되었습니다. 袁(원)은 윗옷을 뜻하는 衣(의)와 둥근(○→口) 목걸이를 의미하는 변형된 口로 짜여 있습니다. 외투와 같이 긴 옷을 뜻하죠. 따라서 전체적인 의미는 평상복이 아닌 외투와 같은 정장(袁) 차림을 하고서 길을 나설(辶) 때는 가까운 곳이 아닌 집에서 멀리 떨어진 곳을 간다는 데서 '멀다', '아득하다'는 뜻을 지니게 되었습니다.

사람 人(인) 은 서서 손을 내민 채 몸을 약간 구부리고 있는 사람의 옆모습을 본뜬 상형글자입니다. 다른 자형에 더해지며 좌변에 놓일 때는 亻(인) 모양으로, 하변에 놓일 때는 儿(인)으로 변형됩니다. 『설문해자』에서는 "人은 하늘과 땅 사이의 생명 중에 가장 고귀한 것입니다. 이 글자는 주문(籒文)으로 팔과 다리의 모양을 본뜬 겁니다"라고 했습니다. 여기서 주문(籒文)이란 열 가지 서체의 하나로 주(周)나라 선왕(宣王) 때에, 태사(太史)였던 주(籒)라는 사람이 창작한 한자의 글씨체(字體)로, 소전(小篆)의 전신으로 대전(大篆)이라고도 한답니다.

視而弗見(시이불견) 이란 (마음이 몸에 깨어 있지 않으면) 보아도 보이지 않는다는 뜻으로, 몸의 주인인 마음이 다른 데 가 있으면 눈이 대상물을 향해 있어도 알아차릴 수 없음을 말한 겁니다. 『중용(中庸)』

제16장의 "보려고 해도 보이지 않으며, 들으려 해도 들리지 않지만, 만물의 본체이니 빠뜨려질 수 없습니다"라는 대목에서 유래했습니다.

볼 視(시) 는 보일 시(示)와 볼 견(見)으로 이루어졌습니다. 示(시)는 제사를 지내기 위한 제단(祭壇)을 본뜬 상형글자인데, 자형상부의 一(일)은 조상신이나 천신에게 올린 제물을, 가운데 자형(丁)은 제단을, 좌우로 삐친 자형(八)은 제물에서 흘러나온 피를 의미하는 것으로 봅니다. 따라서 示(시) 자가 들어가는 글자는 제사나 귀신 혹은 신령한 의미를 담게 됩니다. 따라서 視(시)의 전체적인 의미는 신에게 바친 제단(示) 위의 제물에 이물질이 끼거나 이상이 없는지 눈을 크게 뜨고 본다(見)는 데서 '보다', '살피다'는 뜻을 지니게 되었습니다.

말 이을 而(이) 는 갑골문이나 금문에도 보이는 자형으로 사람의 옆얼굴에 난 구렛나루를 의미하기도 했지만 코밑과 턱에 난 수염을 뜻하게 되었습니다. 그러나 본뜻인 '수염'보다는 말을 이어주는 어조사로써 널리 쓰이고 있죠. 즉 위아래의 수염처럼 말을 '머뭇거리다'가도 다음 문장으로 '이어줌'을 뜻해 '말 이을 이'로 뜻이 확장되었습니다.

아니 弗(불) 은 일반적으로 굽은 나무(세로의 두 획)를 한 가닥의 끈(弓)을 이용해 '바르게 편다'는 데서 '바로잡다'가 본뜻이라고 봅니다. 그러나 다른 한편에서 보면 활 弓(궁)의 자형에 깃든 의미를 무시할 수 없습니다. 따라서 활대(弓)를 만들기 위해 두 줄로 묶어둔 (丿+丨, 세로의 두 획) 나무는 아직은 활로 쓸 수 없다는 데서 '아니다'는 뜻이 발생한 것으로 볼 수도 있습니다.

볼 見(견) 은 눈 목(目)과 사람의 발 모양을 본뜬 사람 인(儿)으로 이루어졌습니다. 目(목)은 상형글자로 사람 눈의 모양을 나타냅니다. 처음에는 보통 눈과 같이 가로로 길게(罒) 썼는데, 후대로 내려오면서 현재와 같은 세로의 긴 자형(目)으로 변형되었죠. 인체 중에서도 유독 눈을 강조한 회의글자입니다. 다른 동물의 시각이 아니라 오직 사람(儿)의 입장에서 눈을 크게 뜨고 본다(目)는 데서 '보다'는 뜻을 지니게 되었습니다.